KB189161

금강반야바라밀경

불광출판사

국역 금강경에 씀

오온(五蘊)이 본래 공(空)하여 공도 또한 공하였으니 가없는 푸른 바다 자줏빛 구름 아득하고, 사상(四相)이 길이 끊여 끊임 또한 끊였으니 만길 높은 저 봉우리 햇빛이 눈부시다.

오색으로 단청하고 칠보로 아로새긴 찬란한 누각에는 맑고 밝은 노랫소리 하늘 끝에 사무치고 금단지 옥술잔에 출렁출렁 넘쳐나는 그윽한 고운 향기 온 집안에 가득찼다.

파랑새 누른 학이 앞뜰에 펄펄 날 제 무서운 호랑이와 위엄있는 사자들은 뒷산에서 소리친다.

석가와 아미타는 세계 밖에 물러서고 문수와 보현보살 자취를 감췄는데 금쪽 같은 팔만 법문 철위산에 묻어두고 진귀한 사천의 잎은 지옥불 속에 간직했다.

어허! 이것이 무슨 도리인고

밤에도 항상 밝은 신묘한 발(簾) 밖이여 풍월이 낮과 같고 마른 나무 우뚝 섰는 차디찬 바위 앞이여 천지가 봄이로다. <할>

병진년 五월 十五일

가야산인 퇴옹(退翁) 성철(性徹) 화남(和南)

차례

삼귀의

거룩한   부처님께   귀의합니다
거룩한   가르침에   귀의합니다
거룩한   스님들께   귀의합니다.

나무마하반야바라밀(7편)

발 원 문

　저희들이 지극한 마음 다해 시방 삼보님께 귀의하오며 넓고 큰 원을 발하옵고 이제 금강경을 지송하옵니다.

　바라옵건대 저희 조국 대한민국이 평화통일 이루옵고 만세무궁 만만세 하여지이다.

　우리 겨레와 모든 중생이 다 맑고 밝은 큰 마음을 발하여 원만한 덕성과 뛰어난 재질을 남김없이 발휘하여지이다.

저희들의 역대 선망 조상님과
의롭게 살다가신 선열들과 모든
애혼불자들이 모두가 고통을 벗
어나서 극락세계에 왕생하여지
오며 이 경을 보거나 듣는 자
모두가 보리심을 발하여 각기의
집안과 나라와 세계를 위하여
빛나는 큰 뜻을 원만히 이루어
지이다.

개 경 게 (開經偈)

위─없이 심히깊은 미묘법이여
백─천─ 만겁인들 어찌만나리
내─이제 보고듣고 받아지니니
부처님의 진실한뜻 알아지이다.

개 법장 진언 (開法藏眞言)

옴 아라남 아라다(3편)

금강반야바라밀경(국역본)

금강반야바라밀경

○ 제1분 법회를 이룬 연유

이와 같이 내가 들었다. 한때 부처님께서 사위국 기수급고독원에 계시사 대비구중 천이백오십인과 더불어 함께 하셨다.

그때는 세존께서 공양하실 때라 큰 옷 입으시고 발우 가지시어 사위대성에 들어가시사 밥을 비시는데 그 성중에서 차례로 비시옵고 본곳으로 돌아오시어

공양을 마치신 뒤 의발을 거두
시고 발을 씻으신 다음 자리를
펴고 앉으셨다.

○ 제2분 선현(善現)이 법을 청하다

그때에 장로 수보리가 대중
가운데 있더니 곧 자리에서 일
어나 바른쪽 어깨에 옷을 벗어
메고 바른쪽 무릎을 땅에 꿇으
며 합장 공경하면서 부처님께
말씀드렸다.
"희유하오이다. 세존이시여,

여래께서는 모든 보살들을 잘
호념(護念)하시오며 모든 보살
들에게 잘 부촉하시옵니다.

　세존이시여, 선남자 선여인이
아뇩다라삼먁삼보리심을 발하오
니 마땅히 어떻게 머물며 어떻
게 그 마음을 항복받으오리까?"

　부처님께서 말씀하시었다.

　"옳다 옳다. 수보리야, 참으로
네 말과 같아서 여래는 모든 보
살들을 잘 호념하였으며 모든
보살들에게 잘 부촉하느니라.
너 자세히 듣거라. 이제 마땅히

너를 위하여 설하리라.

선남자 선여인이 아뇩다라삼
먁삼보리심을 발하였으면 마땅
히 이와 같이 머물며 이와 같이
그 마음을 항복받을지니라."

"그러하오이다.   세존이시어,
바라옵건대 듣고자 하옵니다."

○ 제3분 대승(大乘)의 바른 종지(宗旨)

부처님께서 수보리에게 이르
셨다.

"모든 보살마하살은 응당 이

와 같이 그 마음을 항복받을지
니라. '있는 바 일체 중생 종류
인, 혹 알로 생기는 것, 혹 태로
생기는 것, 혹 습(濕)으로 생기
는 것, 혹 화(化)하여 생기는
것, 혹 형상 있는 것, 혹 형상 없
는 것, 혹 생각 있는 것, 혹 생각
없는 것, 혹 생각이 있는 것도
아니요 없는 것도 아닌 것들을
내가 다 하여금 무여열반(無餘涅
槃)에 넣어서 멸도(滅度)하리라.
　이와 같이 한량없고 셀 수 없
고 가없는 중생을 멸도하나 실

로는 멸도를 얻은 중생이 없다'
하라.

어찌한 까닭이랴. 수보리야,
만약 보살이 아상(我相)과 인상
(人相)과 중생상(衆生相)과 수자
상(壽者相)이 있으면 이는 곧 보
살이 아니니라.

○ 제4분 묘행(妙行)은 머뭄이 없음

그리고 또 수보리야, 보살은
마땅히 법에 머문 바 없이 보시
(布施)를 행할지니, 이른바 형상

에 머물지 않은 보시이며 성(聲)
향(香) 미(味) 촉(觸) 법(法)에
머물지 않은 보시여야 하느니
라.

수보리야, 보살은 응당 이와
같이 보시하여 상(相)에 머물지
않느니라. 어찌한 까닭이랴? 만
약 보살이 상에 머물지 않고 보
시하면 그 복덕을 가히 생각으
로 헤아릴 수 없느니라.

수보리야, 어떻게 생각하느냐,
동쪽 허공을 가히 생각으로 헤
아릴 수 있겠느냐?"

"못하겠습니다, 세존이시여."

"수보리야, 남서북방과 사유 (四維)와 상하 허공을 가히 생각 으로 헤아릴 수 있느냐?"

"못하겠습니다, 세존이시여."

"수보리야, 보살의 상(相)에 머무름이 없는 보시의 복덕도 또한 다시 이와 같아야 생각으 로 헤아릴 수 없느니라. 수보리 야, 보살은 다못 마땅히 가르친 바와 같이 머물지니라.

○ 제5분 바른 도리를 실답게 봄

수보리야, 어떻게 생각하느냐? 너는 몸 모양으로써 여래를 볼 수 있겠느냐?"

"못보겠습니다. 세존이시여, 몸 모양으로써 여래는 볼 수 없습니다. 왜냐하오면 여래께서 말씀하시는 바 몸 모양은 곧 몸 모양이 아니옵니다."

부처님께서 수보리에게 이르셨다.

"무릇 있는 바 상(相)은 다 이것이 허망하니 만약 모든 상이 상 아님을 보면 곧 여래를 보리라.”

○ 제6분 바른 믿음은 희유하다

수보리가 부처님께 말씀드렸
다.

“세존이시여, 어떤 중생이 이
와 같은 말씀의 글귀를 보고 자
못 실다운 믿음을 낼 자가 있사
오리까?”

부처님께서 수보리에게 이르
셨다.

“그런 말을 하지 말지니라. 여

래가 멸도에 든 뒤 후 오백세에
이르러 계를 가지고 복을 닦는
자가 있어서 능히 이 글귀에 신
심을 내며 이로써 실다움을 삼
으리라. 마땅히 알라. 이 사람은
일불(一佛)이나 이불이나 삼사
오불에게 선근(善根)을 심었을
뿐만 아니라, 이미 한량없는 천
만불께 모든 선근을 심었으므로
이 글귀를 듣고 일념으로 조촐
한 믿음을 내는 자니라.

　수보리야, 여래는 이 모든 중
생들이 이와 같이 한량없는 복

덕을 얻는 것을 다 알며 다 보느니라. 어찌한 까닭이랴? 이 모든 중생은 아상도 없으며 인상 중생상 수자상도 없으며 법상도 없으며 또한 법아닌 상도 없기 때문이니라. 어찌한 까닭인가 하면 이 모든 중생들이 만약 마음에 상을 취하면 곧 아상과 인상과 중생상과 수자상에 착함이 되며 만약 법상을 취하더라도 곧 아상과 인상 중생상 수자상에 착함이 되느니라. 어찌한 까닭이랴? 만약 법아닌 상을 취하

더라도 이는 곧 아상과 인상 중
생상 수자상에 착함이 되느니
라.

이런 까닭으로 마땅히 법을
취하지 말아야 하며 마땅히 법
아님도 취하지 말아야 하느니
라. 이러한 뜻인고로 여래는 항
상 말하되 '너희들 비구는, 나의
설법을 뗏목으로 비유한 바와
같다고 아는 자는 법도 오히려
마땅히 버려야 하거늘 어찌 하
물며 법 아님이랴'하느니라.

○ 제7분 얻을 것도 없고 설할 것도 없음

"수보리야 어떻게 생각하느냐? 여래가 아뇩다라삼먁삼보리를 얻었느냐? 여래가 설한 바법이 있느냐?"

수보리가 말씀드렸다.

"제가 부처님의 말씀하신 바뜻을 이해하옴 같아서는 아뇩다라삼먁삼보리라 할 정한 바 법이 없사오며 또한 여래께서 가히 설하신 정한 법도 없사옵니다. 무슨 까닭인가 하오면 여래

가 설하신 바 법은 다 취할 수
없사오며 말할 수도 없사오며
법도 아니오며 법 아님도 아니
기 때문입니다. 이유를 말씀드
리오면 일체 성현(聖賢)이 다 무
위법(無爲法)을 쓰시어 차별이
있기 때문입니다."

○ 제8분 법에 의하여 출생함

"수보리야 어떻게 생각하느
냐? 만약 어떤 사람이 삼천대천
세계에 가득찬 칠보를 가지고

보시에 쓴다면 이 사람이 얻을
바 복덕이 얼마나 많겠느냐?"
　수보리가 말씀드렸다.
　"심히 많사옵니다. 세존이시
여, 왜냐하오면 이 복덕이 곧 복
덕성이 아니오니 이 까닭에 여
래께서 복덕이 많다 말씀하심입
니다."
　"만약 다시 사람이 있어 이
경 가운데서 사구게만이라도 받
아 지니고 다른 사람을 위하여
말해주면 그 복이 저보다 나으
니라. 수보리야, 왜냐하면 일체

모든 부처님과 모든 부처님의
아뇩다라삼먁삼보리법이 다 이
경으로 좇아 나오는 까닭이니
라. 수보리야, 이른바 불법이라
하는 것도 곧 불법이 아니니라.

○ 제9분 하나의 상(相)은 상이 없음

수보리야 어떻게 생각하느
냐? 수다원(須陀洹)이 능히 '내
가 수다원과를 얻었다'하는 생
각을 가지겠느냐?"
수보리가 말씀드렸다.

"아니옵니다. 세존이시여, 왜
냐하오면 수다원은 이름을 성류
(聖流)에 든다 하오나 실로는 들
어간 바가 없사와 형상이나 성
향 미 촉 법에 들어가지 아니하
오니 이를 수다원이라 이름하옵
니다."

"수보리야, 어떻게 생각하느
냐? 사다함(斯陀含)이 능히 내가
사다함과를 얻었다 하는 생각을
가지겠느냐?"

수보리가 말씀드렸다.

"아니옵니다. 세존이시여, 왜

냐하오면 사다함은 이름이 일왕
래이오나 실로는 오고 가는 바
가 없사오니 이를 사다함이라
이름하옵니다."

"수보리야, 어떻게 생각하느
냐? 아나함(阿那含)이 능히 생각
하기를 '내가 아나함과를 얻었
다' 하겠느냐?"

수보리가 말씀드렸다.

"아니옵니다. 세존이시여, 왜
냐하오면 아나함은 이름을 오지
않는다 하오나 실은 오지 아니
함이 없사오니 이 까닭에 아나

함이라 이름하옵니다."

"수보리야, 어떻게 생각하느
냐? 아라한(阿羅漢)이 능히 생각
하기를 '내가 아라한도를 얻었
다'하겠느냐?"

수보리가 말씀드렸다.

"아니옵니다. 세존이시여, 왜
냐하오면 실로 법이 없음이 이
름이 아라한이옵니다. 세존이시
여, 만약 아라한이 생각하기를
'내가 아라한도를 얻었다'하오
면 곧 아상과 인상과 중생상과
수자상에 착함이 되옵니다.

　세존이시여, 부처님께서 저를 무쟁삼매(無諍三昧)를 얻은 사람 가운데에서 가장 으뜸이라 말씀하셨으니 이는 욕심을 여읜 제일의 아라한이라 하심이옵니다. 그러하오나 저는 욕심을 여읜 아라한이라는 생각을 하지 않사옵니다. 세존이시여, 제가 만약 '내가 아라한도를 얻었다'고 생각한다면 세존께서는 곧 수보리에게 아란나행(阿蘭那行)을 즐기는 자라고 말씀하시지 아니하시련만 수보리가 실로 행하는 바가 없사오므로 수보리는 아란나 행을 즐기는 자라고 이름하셨습니다."

○ 제10분 정토(淨土)를 장엄함

부처님께서 수보리에게 이르셨다.

"수보리야, 어떻게 생각하느냐. 여래가 옛적에 연등불 회상에 있었을 때 법에 얻은 바가 있었겠느냐?"

"아니옵니다. 세존이시여, 여

래께서 연등불회상에 계실 때 법에 있어 실로 얻은 바가 없사 옵니다."

"수보리야, 어떻게 생각하느 냐? 보살이 불국토를 장엄한다 고 하겠느냐?"

"아니옵니다. 세존이시여, 왜 냐하오면 보살이 불국토를 장엄 함은 곧 장엄이 아니옵고 그 이 름이 장엄이옵니다."

"이 까닭에 수보리야, 모든 보 살마하살은 마땅히 이와 같이 청정한 마음을 낼지니 마땅히

형상에 머물러서 마음을 내지
말며, 마땅히 성 향 미 촉 법에
머물러서 마음을 내지 아니하
고, 응당 머문 바 없이 그 마음
을 낼지니라.

수보리야, 비유컨대 만일 어
떤 사람이 있어 몸이 수미산왕
만 하다면 네 생각에 어떠하냐?
그 몸을 크다고 하겠느냐?"

수보리가 말씀드렸다.

"심히 크옵니다. 세존이시여,
왜냐하오면 부처님께서는 몸이
아님을 말씀하시어 큰 몸이라

이름하셨습니다."

○ 제11분 무위복(無爲福)이 수승함

"수보리야, 항하 가운데에 있
는 바 모래수와 같은 항하가 또
있다면 어떻게 생각하느냐, 저
여러 항하에 있는 모래를 얼마
나 많다 하겠느냐?"

수보리가 말씀드렸다.

"심히 많습니다. 세존이시여,
다만 저 여러 항하만이라도 오
히려 많아 셀 수 없사옵거든 하

물며 어찌 그 모래이오리까!"

"수보리야, 내가 이제 진실한 말로 너에게 이르노니 만약 선남자 선여인이. 있어 저 항하의 모래수의 삼천대천세계에 가득 찬 칠보를 가지고 보시에 쓴다면 얻을 바 복이 많겠느냐?"

수보리가 말씀드렸다.

"심히 많습니다. 세존이시여."

부처님께서 수보리에게 이르셨다.

"만약 선남자 선여인이 있어 이 경 가운데서 내지 사구게만

이라도 받아지니고 다른 사람을
위하여 말해주면 그 복덕이 앞
에 말한 복덕보다 나으니라."

○ 제12분 바른 가르침을 존중히 함

"그리고 또 수보리야, 이 경을
설함에서는 내지 사구게 등만이
라도 마땅히 알아라. 이곳은 일
체 세간의 천상과 인간과 아수
라가 다 마땅히 공양하기를 부
처님의 탑묘(塔廟)와 같이 하려
던 어찌 하물며 사람이 있어 능

히 다 받아지니며 읽고 외움이
랴. 수보리야, 마땅히 알라. 이
사람은 가장 높은 제일가는 희
유한 법을 성취하리라.

만약 이 경전이 있는 곳이면
곧 부처님과 존중하신 제자가
계심이 되느니라."

○ 제13분 법다이 받아지님

그때에 수보리가 부처님께 말
씀드렸다.
"세존이시여, 이 경을 마땅히

무어라 이름하오며, 저희들이 어떻게 받들어 가지오리까?"

부처님께서 수보리에게 이르셨다.

"이 경은 이름을 금강반야바라밀이라 하나니 이 명자로서 너희들은 마땅히 받들어 가질지니라. 무슨 까닭이랴. 수보리야, 여래가 말한 반야바라밀이 곧 반야바라밀이 아니라 이 이름이 반야바라밀이니라. 수보리야, 어떻게 생각하느냐. 여래가 설한 바 법이 있느냐?"

수보리가 부처님께 말씀드렸
다.

"세존이시여, 여래께서는 설
하신 바가 없사옵니다."

"수보리야, 어떻게 생각하느
냐. 삼천대천세계에 있는 가는
먼지를 많다 하겠느냐?"

수보리가 말씀드렸다.

"심히 많사옵니다. 세존이시
여."

"수보리야, 이 모든 가는 먼지
는 여래가 가는 먼지 아님을 말
함이니 그 이름이 가는 먼지이

며 여래가 설한 세계도 세계가
아니라 이 이름이 세계니라.

수보리야, 어떻게 생각하느냐
32상으로써 여래를 보겠느냐?"

"아니옵니다. 세존이시여. 32
상으로 여래를 볼 수 없습니다.
왜냐하오면 여래께서 말씀하신
32상이 곧 상이 아니옵고 그 이
름이 32상이옵니다."

"수보리야, 만약 어떤 선남자
선여인이 있어 항하의 모래수와
같은 목숨을 바쳐 보시하더라도
만약 다시 어떤 사람이 이 경

가운데서 내지 사구게만이라도
받아지니며 다른 사람을 위하여
말해주면 그 복이 심히 많으니
라.”

○ 제14분 상을 여의어 적멸함

이때에 수보리는 이 경 설하
심을 듣고 깊이 그 뜻을 깨달아
눈물을 흘리고 슬피 울면서 부
처님께 말씀드렸다.
“희유하오이다.　세존이시여,
부처님께서 이와 같이 심히 깊

은 경전을 설하심은 제가 옛적
으로부터 내려오면서 얻은 바
혜안(慧眼)으로도 일찍이 이와
같은 경은 얻어 듣지 못하였사
옵니다.

　세존이시여, 만약 다시 어떤
사람이 이 경을 얻어 듣고 신심
이 청정하면 곧 실상(實相)이 나
오리니 이 사람은 마땅히 제일
희유한 공덕을 성취함을 알겠사
옵니다. 세존이시여, 이 실상이
라는 것은 곧 이것이 상이 아니
오니 이런고로 여래께서 실상이

라 말씀하셨습니다. 세존이시여,
제가 지금 이와 같은 경전을 얻
어 듣고 믿어 알고 받아지니기
는 족히 어려울 것이 없사오나
만약 오는 세상 후 오백세에 어
떤 중생이 이 경을 얻어 듣고
믿어 알고 받아지닌다면 그 사
람은 곧 제일 희유함이 되겠사
옵니다.

　이유를 말씀드리오면 그 사람
은 아상이 없사오며 인상도 없
사오며 중생상도 없사오며 수자
상도 없는 까닭이옵니다.　왜냐

하오면 아상이 곧 상이 아니오
며 인상과 중생상과 수자상이
곧 상이 아니옵니다.

왜 그러냐 하오면 일체 모든
상을 여읨을 곧 모든 부처님이
라 이름하기 때문입니다."

부처님께서 수보리에게 이르
셨다.

"옳다 그렇다. 만약 다시 어떤
사람이 있어 이 경 말씀을 듣고
놀래지도 아니하고 겁내지도 아
니하고 두려워하지도 아니하면
마땅히 알라. 이 사람은 심히 희

유함이 되느니라. 어찌한 까닭
이랴? 수보리야, 여래가 말한 제
일바라밀이 제일바라밀이 아니
요 그 이름이 제일바라밀이니
라.

수보리야, 인욕바라밀도 여래
가 인욕(忍辱)바라밀이 아님을
말함이니라.

어찌한 까닭이랴? 수보리야,
내가 옛적에 가리왕에게 몸을
베이고 끊김을 당하였을 적에
내가 저때에 아상이 없었으며
인상이 없었으며 중생상이 없었

으며 수자상도 없었더니라. 왜
냐하면 내가 옛적에 마디마디
사지를 찢기고 끊길 그때에 만
약 나에게 아상과 인상과 중생
상과 수자상이 있었던들 응당
성내고 원망하는 마음을 내었으
리라.

수보리야, 또 여래가 과거 오
백세 동안 인욕선인이 되었을
때를 생각하니 저 세상에서도
아상이 없었고 인상도 없었고
중생상도 없었고 수자상도 없었
느니라.

이 까닭에 수보리야, 보살은 응당 일체상을 여의어 아뇩다라 삼먁삼보리심을 발할지니 마땅히 형상에 머물러 마음을 내지 말며, 성 향 미 촉 법에 머물러 마음을 내지 말고 응당 머문 바 없는 마음을 낼지니라.

만약 마음이 머묾이 있으면 곧 머묾 아님이 되느니라.

이 까닭에 여래가 말하기를 '보살은 마땅히 마음을 형상에 머물지 아니하고 보시한다'하느니라.

수보리야, 보살은 일체 중생을 이익하기 위하여 응당 이와 같이 보시하느니라.

여래가 말한 일체 모든 상은 곧 이것이 상이 아니며 또 말한 일체 중생도 곧 중생이 아니니라.

수보리야, 여래는 진리의 말을 하는 자며, 진실을 말하는 자며, 여여(如如)한 말을 하는 자며, 거짓말을 하지 않는 자며, 다른 말을 하지 않는 자니라.

수보리야, 여래가 얻은 바 법

인 이 법은 실다움도 없고 헛됨
도 없느니라.

수보리야, 만약 보살이 마음
을 법에 머물러서 보시하면 마
치 사람이 어둠에 들어감에 곧
보이는 바가 없는 거와 같고, 만
약 보살이 마음을 법에 머물지
아니하고 보시하면 사람이 눈이
있고 햇빛이 밝게 비침에 가지
가지 색을 보는 거와 같느니라.

수보리야, 장차 오는 세상에
서 만약 어떤 선남자 선여인이
있어서 능히 이 경을 받아지니

고 읽고 외우면 곧 여래가 불지
혜로써 이 사람을 다 알며 이
사람을 다 보나니 모두가 헤아
릴 수 없고 가없는 공덕을 성취
하게 되리라.

○ 제15분 경을 가지는 공덕

수보리야, 만약 어떤 선남자
선여인이 있어 아침에 항하의
모래 수와 같은 몸으로써 보시
하고, 낮에 다시 항하의 모래 수
와 같은 몸으로 보시하며, 다시

저녁 때에도 또한 항하의 모래
수와 같은 몸으로 보시하여 이
와 같이 무량백천만억겁 동안을
몸으로써 보시하더라도 만약 다
시 어떤 사람이 있어 이 경전을
듣고 믿는 마음으로 거슬리지
아니하면 그 복이 저보다 수승
하리니 어찌 하물며 이 경을 베
끼고 받아지니며 읽고 외우며
남을 위하여 해설해줌이랴.

　수보리야, 간추려 말할진대
이 경은 생각할 수도 없고 칭량
할 수 없고 가없는 공덕이 있느

니라.

여래는 대승(大乘)에 발심한 자를 위하여 이 경을 설하며 최상승(最上乘)에 발심한 자를 위하여 이 경을 설하느니라.

만약 어떤 사람이 능히 이 경을 받아지니고 읽고 외우며 널리 사람들을 위하여 설명한다면 여래는 이 사람을 모두 알며 이 사람을 모두 보나니, 이 사람은 헤아릴 수 없고 일컬을 수 없고 끝할 수 없고 생각할 수 없는 공덕을 성취하게 되리라.

이와 같은 사람들은 곧 여래의 아뇩다라삼먁삼보리를 짊어짐이 되나니 어찌한 까닭이랴. 수보리야, 만약 작은 법을 즐기는 자라면 아견과 인견과 중생견과 수자견에 착하게 되므로 능히 이 경을 받아 듣고 읽고 외우며 사람들을 위하여 해설하지 못하느니라. 수보리야, 어떠한 곳이든 이 경이 있는 곳이면 일체 세간의 천상과 인간과 아수라 등이 마땅히 공양하는 바가 되리니 마땅히 알라. 그곳은

곧 탑이 됨이라. 모두가 응당 공
경하고 절하며 에워싸고 가지가
지 꽃과 향을 그곳에 흩뜨리게
되리라.

○ 제16분 능히 업장을 깨끗이 함

다시 또 수보리야, 선남자 선
여인이 있어 이 경을 받아지니
며 읽고 외우더라도 만일 사람
들에게 업신여김이 되면 이 사
람은 선세죄업으로 마땅히 악도
에 떨어질 것이로되 금세 사람

들이 업신여김으로써 곧 선세죄
업이 소멸되고 마땅히 아뇩다라
삼먁삼보리를 얻게 되느니라.
　수보리야, 내가 과거 무량아
승지겁을 생각하니 연등불을 뵈
옵기 그 이전에도 팔백사천만억
나유타의 여러 부처님을 만나
모두 다 공양하고 받들어 섬기
어 헛되이 지냄이 없었더니라.
만약 다시 또 어떤 사람이 있어
앞으로 오는 말세에 능히 이 경
을 받아지니고 읽고 외워서 얻
을 바 공덕은 내가 저곳에서 모

든 부처님께 공양한 공덕으로는 백분의 일도 되지 못하며, 천만 억분의 일도 되지 못하며 내지 숫자가 있는 대로 비교하고 비유할지라도 능히 미칠 바가 못 되리라.

　수보리야, 만약 어떤 선남자 선여인이 앞으로 오는 말세에 이 경을 받아지니고 읽고 외워서 얻을 바 공덕을 내가 다 갖추어 말한다면 혹 어떤 사람은 듣고 곧 마음이 산란하여 의심하며 믿지 아니하리라.

수보리야, 마땅히 알아라. 이
경은 뜻도 가히 생각할 수 없고
과보도 또한 생각할 수 없느니
라."

○ 제17분 마침내는 아(我)가 없음

저때에 수보리가 부처님께 사
루어 말씀드렸다.

"세존이시여, 선남자 선여인
이 아뇩다라삼먁삼보리심을 발
하였사오니 어떻게 응당 머물며
어떻게 그 마음을 항복 받으오

리까?"

부처님께서 수보리에게 이르셨다.

"만약 선남자 선여인이 아뇩다라삼먁삼보리심을 발하였을진대 응당 이와 같은 마음을 내어야 하느니라. '내가 마땅히 일체 중생을 멸도하리라. 일체 중생을 멸도하여 마쳐서는 실로는 다시 한 중생도 멸도된 중생이 없다'하라.

수보리야, 왜냐하면 만약 보살이 아상과 인상과 중생상과

수자상이 있으면 곧 보살이 아
니니 그 까닭이 무엇이랴. 수보
리야, 실로 법이 있지 않음이 아
뇩다라삼먁삼보리를 발함이 되
느니라.

수보리야, 어떻게 생각하느
냐? 여래가 연등불 회상에서 법
이 있어 아뇩다라삼먁삼보리를
얻었겠느냐?"

"아니옵니다. 세존이시여, 제
가 부처님께서 설하신 바 뜻을
이해하옴 같아서는 부처님이 연
등불 회상에서 법이 있어 아뇩

다라삼먁삼보리를 얻으심이 아
니옵니다."

부처님께서 말씀하셨다.

"옳다 그렇다. 수보리야, 실로
법이 있지 아니하여서 여래가
아뇩다라삼먁삼보리를 얻었느니
라. 수보리야, 만약 법이 있어
여래가 아뇩다라삼먁삼보리를
얻었을진대 연등불이 나에게 수
기(授記)를 주시면서 '네가 내세
에 마땅히 부처를 이루리니 호
를 석가모니라 하리라'하시지
않았으련만 실로 법이 있지 아

니함으로써 아뇩다라삼먁삼보리
를 얻었으므로 이런고로 연등불
께서 나에게 수기를 주시며 말
씀하시기를, '네가 내세에 마땅
히 부처를 이루리니 호를 석가
모니라 하리라' 하셨느니라.

왜냐하면 여래라 함은 곧 모
든 법이 여여(如如)하다는 뜻이
니라.

만약 어떤 사람이 말하기를
'여래가 아뇩다라삼먁삼보리를
얻었다' 한다면 수보리야, 실로
법이 있지 아니하므로 여래가

아뇩다라삼먁삼보리를 얻었느니라. 수보리야, 여래가 얻은 바 아뇩다라삼먁삼보리 이 가운데는 실다움도 없고 헛됨도 없느니라.

이 까닭에 여래가 말하기를 '일체법이 다 이것이 불법이라' 말하느니라. 수보리야, 말한 바 일체법이란 것도 곧 일체법이 아니니 그러므로 일체법이라 이름하느니라.

수보리야, 비유컨대 사람의 몸이 장대(長大)함과 같으니라."

수보리가 말씀드렸다.

"세존이시여, 여래께서 말씀하신 사람 몸의 장대도 곧 이것이 큰 몸이 아니옵고 그 이름이 큰 몸이옵니다."

"수보리야, 보살도 또한 이와 같나니 만약 말하기를 '내가 마땅히 무량 중생을 멸도하리라' 한다면 이는 곧 보살이라 이름할 수 없느니라. 어찌한 까닭이라. 수보리야, 실로 법을 두지 않음을 보살이라 이름하느니라. 이런고로 여래가 말하기를 '일체 법이 아도 없고 인도 없고 중생도 없고 수자도 없다'하느니라.

수보리야, 만약 보살이 말하기를 '내가 마땅히 불국토를 장엄하리라'한다면 이는 보살이라 할 수 없나니 왜냐하면 여래가 말하는 바 불국토 장엄은 이것이 장엄이 아니요, 그 이름이 장엄이니라.

수보리야, 만약 보살이 아(我)와 법이 없음을 통달한 자면 여래는 이 사람을 참된 보살마하살이라 말하느니라.

○ 제18분 하나의 몸은 한 가지로 봄

수보리야, 어떻게 생각하느냐?
여래가 육안(肉眼)이 있느냐?
　"그렇습니다. 세존이시여, 여
래께서는 육안이 있습니다."
　"수보리야, 어떻게 생각하느
냐? 여래가 천안(天眼)이 있느
냐?"
　"그렇습니다. 세존이시여, 여
래는 천안이 있습니다."

"수보리야, 어떻게 생각하느냐? 여래가 혜안(慧眼)이 있느냐?"

"그렇습니다. 세존이시여, 여래는 혜안이 있습니다."

"수보리야, 어떻게 생각하느냐? 여래가 법안(法眼)이 있느냐?"

"그렇습니다. 세존이시여, 여래는 법안이 있습니다."

"수보리야, 어떻게 생각하느냐? 여래가 불안(佛眼)이 있느냐?"

"그렇습니다. 세존이시여, 여
래는 불안이 있습니다."

"수보리야, 어떻게 생각하느
냐? 저 항하 가운데 있는 모래
를 여래가 말한 적이 있느냐?"

"그렇습니다. 세존이시여, 여
래께서는 그 모래를 말씀하셨습
니다."

"수보리야, 어떻게 생각하느
냐? 저 한 항하 가운데 있는 모
래 수와 같은 항하가 또 있어
이 모든 항하에 있는 바 모래
수만큼의 불세계가 다시 있다면

얼마나 많다 하겠느냐?"

"심히 많습니다. 세존이시여."

부처님이 수보리에게 이르셨다.

"저 국토 가운데 있는 바 중생의 가지가지 마음을 여래가 다 아느니라. 어찌한 까닭이냐? 여래가 말한 바 모든 마음이 다 이것이 마음이 아니요, 그 이름이 마음인 까닭이니라.

이유가 무엇이냐? 수보리야, 지나간 마음도 얻을 수 없으며 현재의 마음도 얻을 수 없으며

미래의 마음도 얻을 수 없느니
라.

　○ 제19분 법계에 통하여 교화하다

　수보리야, 어떻게 생각하느
냐? 만약 사람이 있어 삼천대천
세계에 가득찬 칠보를 가지고
보시에 쓴다면 그 사람이 이 인
연으로 얻는 복이 많다 하겠느
냐?"
　"그러하옵니다.　세존이시여,
그 사람은 이 인연으로 심히 많

은 복을 얻겠습니다."

  "수보리야, 만약 복덕이 실다 움이 있을진대 여래가 복덕 얻음이 많다고 말하지 않으련만 복덕이 없는고로 여래가 많은 복덕을 얻는다고 말하느니라.

○ 제20분 색(色)과 상(相)을 여의다.

  수보리야, 어떻게 생각하느냐? 여래를 가히 색신(色身)이 구족한 것으로써 볼 수 있겠느냐?"

"아니옵니다. 세존이시여, 여래를 마땅히 색신이 구족한 것으로써 볼 수 없사옵니다. 왜냐하오면 여래께서 말씀하시는 색신이 구족하다 하심이 곧 구족한 색신이 아니옵고 그 이름이 구족한 색신이옵니다."

"수보리야, 어떻게 생각하느냐? 여래를 가히 모든 상이 구족한 것으로써 보겠느냐?"

"아니옵니다. 세존이시여, 여래는 모든 상이 구족한 것으로써 볼 수 없사옵니다. 어찌한 까닭인가 하오면 여래께서 말씀하신 모든 상의 구족함이 곧 구족이 아니옵고 그 이름이 모든 상의 구족이옵니다.”

○ 제21분 말이 아님을 설함

“수보리야, 너는 여래가 생각하기를 ‘내가 마땅히 설한 바 법이 있다’한다고 이르지 마라. 이런 말 하지 말지니 어찌한 까닭이냐? 만약 어떤 사람이 말하기를 ‘여래가 설한 바 법이 있다'고 한다면 이는 곧 여래를 비방함이 되나니 내가 설한 바를 알지 못한 연고니라. 수보리야, 법을 설한다는 것은 법이 없음을 가히 말하는 것이니 그 이름이 법을 설함이니라."

그때에 혜명(慧命) 수보리가 부처님께 말씀드렸다.

"세존이시여, 자못 어떤 중생이 미래세에 이 법 설하심을 듣고 믿는 마음을 내오리까?"

부처님께서 말씀하셨다.

"수보리야, 저가 중생이 아니

며 중생 아님도 아니니, 어찌한
까닭이랴? 수보리야, 중생 중생
이라 하는 것은 여래가 중생 아
님을 말하는 것이니 그 이름이
중생이니라."

○ 제22분 법은 가히 얻을 것이 없음

수보리가 부처님께 말씀드렸
다.
"세존이시여, 부처님께서 아
뇩다라삼먁삼보리를 얻으심은
얻은 바가 없음이 되옵니까?"

부처님께서 말씀하셨다.

"옳다, 그러니라. 수보리야, 내
가 아뇩다라삼먁삼보리에 있어
내지 조그마한 법도 얻음이 없
으니 이를 아뇩다라삼먁삼보리
라 이름하느니라.

○ 제23분 깨끗한 마음으로 선을 행함

다시 또 수보리야, 이 법이 평
등하여 높고 낮음이 없으니 이
이름이 아뇩다라삼먁삼보리니
라. 아도 없고 인도 없고 중생도

없고 수자도 없이 일체 선법(善
法)을 닦으면 곧 아뇩다라삼먁
삼보리를 얻느니라.

수보리야, 말한 바 선법이라
고 하는 것은 여래가 곧 선법
아님을 말하는 것이니 그 이름
이 선법이니라.

○ 제24분 복과 지혜는 비교하지 못함

수보리야, 만약 삼천대천세계
가운데 있는 바 모든 수미산왕
만한 칠보 무더기를 가지고 어

떤 사람이 보시에 쓰더라도 만약 또 사람이 있어 이 반야바라밀경이나 내지 사구게 등을 받아 지니고 읽고 외우며 다른 사람을 위하여 말해 주면 앞의 복덕으로는 백분의 일도 미치지 못하며 백천만억분의 일도 되지 못하며 내지 숫자가 있는 대로 비교하고 비유할지라도 능히 미치지 못하느니라.

○ 제25분 교화하여도 교화함이 없음

　수보리야,　어떻게　생각하느
냐? 너희들은 여래가 이런 생각
을　하되 '내가　마땅히　중생을
제도한다'한다고　이르지　마라.
수보리야, 이런　생각하지　말지
니라. 어찌한　까닭이랴? 실로는
여래가　제도할　중생이　없나니
만약 중생이　있어 여래가 제도
할진댄 여래는　곧 아와 인과 중
생과 수자가　있음이니라.
　수보리야, 여래가 아(我)가　있
다고　말하는　것은　곧 아가 있음
이　아니거늘 범부인　사람들이

이를 아가 있다고 하느니라. 수
보리야, 범부라는 것도 여래는
곧 범부가 아님을 말하는 것이
니 그 이름이 범부니라.

○ 제26분 법신(法身)은 상이 아님

수보리야, 어떻게 생각하느
냐? 가히 32상으로써 여래를 볼
수 있겠느냐?"
수보리가 말씀드렸다.
"그러하오이다. 32상으로써 여
래를 보겠사옵니다."

부처님께서 말씀하셨다.

"수보리야, 만약 32상으로써 여래를 볼진대 전륜성왕(轉輪聖 王)도 곧 여래이리라."

수보리가 부처님께 말씀드렸 다.

"세존이시여, 제가 부처님께 서 말씀하신 바 뜻을 이해하옴 같아서는 응당 32상으로써 여래 를 볼 수 없사옵니다."

저때에 세존께서 게송으로 말 씀하셨다.

만약 형상으로 나를 보려거나
음성으로 나를 찾는다면 이
사람은 사도(邪道)를 행함이
라.
여래를 능히 보지 못하리라.

○ 제27분 단멸(斷滅)이 아님

"수보리야, 네가 만약 생각하
기를 '여래는 구족한 상을 쓰지
아니하는 연고로 아뇩다라삼먁
삼보리를 얻었다'한다면 수보리
야, 이런 생각하지 말지니라.

'여래는 구족한 상을 쓰지 않는 연고로 아뇩다라삼먁삼보리를 얻었다'고.

수보리야, 네가 만약 생각하기를 '아뇩다라삼먁삼보리심을 발한 자는 모든 법의 단멸을 말함이라'한다면 이런 생각하지 말지니 어찌한 까닭이냐? 아뇩다라삼먁삼보리심을 발한 자는 법에 있어 단멸상을 말하지 않느니라.

○ 제28분 받지도 않고 탐내지도 아니함

　　수보리야, 만약 보살이 항하
의 모래 수와 같은 세계에 가득
찬 칠보를 가지고 보시에 썼더
라도 만약 다시 사람이 있어 일
체 법이 아(我)가 없음을 알아
인(忍)을 얻어 이루면 이 보살
이 앞의 보살이 얻는 공덕보다
나으리라. 어찌한 까닭이랴? 수
보리야, 모든 보살들이 복덕을
받지 않는 연고니라."

　　수보리가 부처님께 말씀드렸
다.

　　"세존이시여, 어찌하여 보살

이 복덕을 받지 않사옵니까?”

"수보리야, 보살은 지은 바 복덕을 응당 탐착하지 아니하나니 이 까닭에 복덕을 받지 않는다 말하느니라.

○ 제29분 위의(威儀)가 적정(寂靜)함

수보리야, 만약 어떤 사람이 말하기를 '여래가 혹 온다거나 혹 간다거나 혹 앉는다거나 혹 눕는다'고 한다면 이 사람은 내가 설한 바 뜻을 알지 못함이니

라. 어찌한 까닭이냐? 여래는 어
디로 조차 오는 바도 없으며 또
한 가는 바도 없으므로 여래라
이름하느니라.

○ 제30분 하나에 합한 이치의 모양

수보리야, 만약 선남자 선여
인이 있어 삼천대천세계를 부수
어 가는 먼지를 만들었다 하면
네 생각에 어떠하냐. 이 가는 먼
지가 얼마나 많다 하겠느냐?"
　"심히 많사옵니다. 세존이시

여, 어찌한 까닭인가 하오면, 만
약 이 가는 먼지가 실로 있는
것일진대 부처님께서 곧 저 가
는 먼지라 말씀하시지 않았으리
이다. 까닭이 무엇인가 하오면,
부처님께서 말씀하시는 가는 먼
지가, 곧 가는 먼지가 아니오며
그 이름이 가는 먼지이옵니다.

세존이시여, 여래께서 말씀하
신 바 삼천대천세계도 곧 세계
가 아니옵고 그 이름이 세계이
옵니다. 왜냐하오면 만약 세계
가 실로 있는 것일진대 곧 이것

은 하나로 뭉친 모양이오니 여래께서 말씀하시는 하나로 뭉친 모양도 곧 하나로 뭉친 모양이 아니옵고 그 이름이 하나로 뭉친 모양이옵니다."

"수보리야, 하나로 뭉친 모양이라 하는 것은 이것이 말할 수 없는 것이어늘 다만 범부인 사람들이 그것에 탐착하느니라.

○ 제31분 지견(知見)을 내지 아니함

수보리야, 만약 어떤 사람이

말하기를 '여래가 아견(我見)과
인견(人見)과   중생견(衆生見)과
수자견(壽者見)을   말하였다.'하
면 수보리야, 어떻게 생각하느
냐. 이 사람이 내가 말한 바 뜻
을 아는 것이냐?"

"아니옵니다. 세존이시여, 이
사람은 여래의 설하신 바 뜻을
알지 못함이옵니다. 어찌한 까
닭인가 하오면 세존께서 말씀하
신 아견과 인견과 중생견과 수
자견은 곧 아견 인견 중생견 수
자견이 아니옵고 그 이름이 아

견 인견 중생견 수자견이옵니
다."

　"수보리야, 아뇩다라삼먁삼보
리심을 발한 자는 일체 법에 응
당 이와 같이 알며 이와 같이
보며 이와 같이 믿고 이해하여,
법상(法相)을 내지 말지니라. 수
보리야, 말한 바 법상이란 것도
여래가 곧 법상이 아니요 그 이
름이 법상임을 말하느니라.

　○ 제32분 응화(應化)는 참이 아님

수보리야, 만약 어떤 사람이
무량아승지 세계에 가득찬 칠보
를 가지고 보시에 썼더라도 만
약 보살심을 발한 선남자 선여
인이 있어 이 경을 지니며, 내지
사구게 등이라도 받아지니고 읽
고 외우며 다른 사람을 위하여
풀어 말하면 그 복이 저보다 나
으리라. 어떻게 사람을 위하여
풀어 말할까? 상(相)을 취하지
아니하여 여여(如如)하여 동하
지 않느니라.

어찌한 까닭이랴? 일체 함이

있는 모든 법은 꿈이며 환(幻)이며 물거품이며 그림자 같으며, 이슬과 같고 또한 번개와도 같으니 응당 이와 같이 관(觀)할지니라."

부처님께서 이 경을 설하여 마치시니 장로 수보리와 모든 비구 비구니와 우바새 우바이와 일체 세간의 천상과 인간과 아수라 등이 부처님의 말씀하심을 듣고 모두 크게 환희하여 믿고 받아 받들어 행하니라.

金剛般若波羅蜜經 (한문본)

金剛般若波羅蜜經
금 강 반 야 바 라 밀 경

秦三藏鳩摩羅什 譯
진 삼 장 구 마 라 습 역

漢岩 懸吐
한 암 현 토

○ 法會因由分 第一
법 회 인 유 분 제 일

如是我聞하사오니 一時에 佛이 在舍衛國
여 시 아 문　　　　일 시　　불　　재 사 위 국

祇樹給孤獨園하사 與大比丘衆千二百五
기 수 급 고 독 원　　여 대 비 구 중 천 이 백 오

十人으로 俱러시니 爾時에 世尊이 食時에 着
십 인　　구　　　이 시　　세 존　　식 시　　착

衣持鉢하시고 入舍衛大城하사 乞食하실새 於
의 지 발　　　입 사 위 대 성　　걸 식　　　　어

其城中에 次第乞已하시고 還至本處하사 飯
기 성 중　　차 제 걸 이　　　환 지 본 처　　반

食訖하시고 收衣鉢하시며 洗足已하시고 敷座
사 흘　　　수 의 발　　　세 족 이　　　부 좌

而座하시다
이 좌

○ 善現起請分 第二
선현기청분 제이

時에 長老須菩提ㅣ在大衆中하시다가 卽從
시   장로수보리 재대중중   즉종

座起하사 偏袒右肩하시며 右膝着地하시고 合
좌기   편단우견   우슬착지   합

掌恭敬하사와 而白佛言하사대 希有世尊하
장공경   이백불언   희유세존

如來ㅣ 善護念諸菩薩하시며 善付囑諸菩
여래   선호념제보살   선부촉제보

薩하시나니 世尊하 善男子善女人이 發阿耨
살   세존 선남자선여인 발아뇩

多羅三藐三菩提心하니는 應云何住며 云
다라삼먁삼보리심   응운하주   운

何降伏其心하리잇고 佛言하사대 善哉善哉
하항복기심   불언   선재선재

須菩提야 如汝所說하야 如來ㅣ 善護念諸
수보리 여여소설   여래   선호념제

菩薩하며 善付囑諸菩薩하나니 汝今諦聽하라
보살   선부촉제보살   여금제청

當爲汝說호리라 善男子善女人이 發阿耨
당위여설   선남자선여인 발아뇩

多羅三藐三菩提心하니는 應如是住하며 如
다 라 삼 먁 삼 보 리 심　　 응 여 시 주　　 여

是降伏其心이니라 唯然世尊하 願樂欲聞하
시 항 복 기 심　　 유 연 세 존　 원 요 욕 문

노이다

○ 大乘正宗分 第三
　 대 승 정 종 분　 제 삼

佛이 告須菩提하사대 諸菩薩摩訶薩이 應
불　 고 수 보 리　　 제 보 살 마 하 살　 응

如是降伏其心이니 所有一切衆生之類ㅣ
여 시 항 복 기 심　　 소 유 일 체 중 생 지 류

若卵生, 若胎生, 若濕生, 若化生, 若
약 난 생　 약 태 생　 약 습 생　 약 화 생　 약

有色, 若無色, 若有想, 若無想, 若非
유 색　 약 무 색　 약 유 상　 약 무 상　 약 비

有想　非無想을 我皆令入無餘涅槃하야
유 상　 비 무 상　 아 개 영 입 무 여 열 반

而滅度之호리니 如是滅度無量無數無邊
이 멸 도 지　　 여 시 멸 도 무 량 무 수 무 변

衆生호대　實無衆生得滅度者니　何以故오
중생　　　실무중생득멸도자　　하이고

須菩提야　若菩薩이　有我相人相衆生相壽
수보리　약보살　유아상인상중생상수

者相하면　卽非菩薩이니라
자상　　　즉비보살

○　妙行無住分　第四
묘행무주분　제사

復次須菩提야　菩薩이　於法에　應無所住하
부차수보리　보살　어법　응무소주

야　行於布施니　所謂不住色布施며　不住聲
행어보시　소위부주색보시　부주성

香味觸法布施니라　須菩提야　菩薩이　應如
향미촉법보시　수보리　보살　응여

是布施하야　不住於相이니　何以故오　若菩
시보시　부주어상　하이고　약보

薩이　不住相布施하면　其福德을　不可思量
살　부주상보시　기복덕　불가사량

이니라　須菩提야　於意云何오　東方虛空을　可
수보리　어의운하　동방허공　가

思量不아 不也니이다 世尊하 須菩提야 南西
사 량 부　불 야　　세 존　수 보 리　남 서

北方四維上下虛空을 可思量不아 不也니
북 방 사 유 상 하 허 공　가 사 량 부　　불 야

이다 世尊하 須菩提야 菩薩의 無住相布施하
세 존　수 보 리　보 살　무 주 상 보 시

난 福德도 亦復如是하야 不可思量이니라 須
복 덕　역 부 여 시　　불 가 사 량　　수

菩提야 菩薩은 但應如所敎住니라
보 리　보 살　단 응 여 소 교 주

○ 如理實見分 第五
여 리 실 견 분　제 오

須菩提야 於意云何오 可以身相으로 見如
수 보 리　어 의 운 하　가 이 신 상　　견 여

來不아 不也니이다 世尊하 不可以身相으로
래 부　불 야　　세 존　불 가 이 신 상

得見如來니 何以故오 如來所說身相은 卽
득 견 여 래　하 이 고　여 래 소 설 신 상　즉

非身相이니이다 佛이 告須菩提하사대 凡所有
비 신 상　　불　고 수 보 리　　범 소 유

相이 皆是虛妄이니 若見諸相非相하면 卽
상　개시허망　약견제상비상　즉

見如來니라
견여래

○ 正信希有分 第六
　정신희유분　제육

須菩提ㅣ 白佛言하사대 世尊하 頗有衆生이
수보리　백불언　세존　파유중생

得聞如是言說章句하사옵고 生實信不잇가
득문여시언설장구　생실신부

佛이 告須菩提하사대 莫作是說하라 如來滅
불　고수보리　막작시설　여래멸

後 後五百歲에 有持戒修福者ㅣ 於此章
후　후오백세　유지계수복자　어차장

句에 能生信心하야 以此爲實하리니 當知是
구　능생신심　이차위실　당지시

人은 不於一佛二佛三四五佛에 而種善根
인　불어일불이불삼사오불　이종선근

이라 已於無量千萬佛所에 種諸善根하야
　이어무량천만불소　종제선근

聞是章句하고 乃至一念生淨信者니라 須
문시장구 내지일념생정신자 수

菩提야 如來ㅣ 悉知悉見하나니 是諸衆生이
보리 여래 실지실견 시제중생

得如是無量福德이니라 何以故오 是諸衆
득여시무량복덕 하이고 시제중

生이 無復我相人相衆生相壽者相하며 無
생 무부아상인상중생상수자상 무

法相하며 亦無非法相이니 何以故오 是諸
법상 역무비법상 하이고 시제

衆生이 若心取相하면 即爲着我人衆生壽
중생 약심취상 즉위착아인중생수

者니 若取法相이라도 即着我人衆生壽者
자 약취법상 즉착아인중생수자

며 何以故오 若取非法相이라도 即着我人
하이고 약취비법상 즉착아인

衆生壽者니라 是故로 不應取法이며 不應
중생수자 시고 불응취법 불응

取非法이니 以是義故로 如來ㅣ 常說호대 汝
취비법 이시의고 여래 상설 여

等比丘ㅣ 知我說法을 如筏喩者라하노니 法
등비구 지아설법 여벌유자 법

尙應捨어든 何況非法이야따녀
상응사 하황비법

102

○ 無得無說分 第七
무 득 무 설 분　제 칠

須菩提야 於意云何오 如來ㅣ得阿耨多羅
수보리　어의운하　여래　득아뇩다라

三藐三菩提耶아 如來ㅣ有所說法耶아 須
삼먁삼보리야　여래　유소설법야　수

菩提ㅣ言하사대 如我解佛所說義컨댄 無有
보리　언　여아해불소설의　무유

定法名阿耨多羅三藐三菩提며 亦無有
정법명아뇩다라삼먁삼보리　역무유

定法如來可說이니 何以故오 如來所說法
정법여래가설　하이고　여래소설법

은 皆不可取며 不可說이며 非法이며 非非法
개불가취　불가설　비법　비비법

이니 所以者何오 一切賢聖이 皆以無爲法
소이자하　일체현성　개이무위법

으로 而有差別이니이다
이유차별

○ 依法出生分 第八
의 법 출 생 분　제 팔

須菩提야 於意云何오 若人이 滿三千大千
수보리　어의운하　약인　　만삼천대천

世界七寶로 以用布施하면 是人의 所得福
세계칠보　이용보시　　시인　소득복

德이 寧爲多不아 須菩提ㅣ言하사대 甚多니이
덕　영위다부　수보리　언　　심다

다 世尊하 何以故오 是福德이 卽非福德性
세존　하이고　시복덕　즉비복덕성

일새 是故로 如來ㅣ 說福德多니이다 若復有
시고　여래　설복덕다　약부유

人이 於此經中에 受持乃至四句偈等하야
인　어차경중　수지내지사구게등

爲他人說하면 其福이 勝彼하리니 何以故오
위타인설　기복　승피　　하이고

須菩提야 一切諸佛과 及諸佛阿耨多羅三
수보리　일체제불　급제불아뇩다라삼

藐三菩提法이 皆從此經出이니라 須菩提야
먁삼보리법　개종차경출　　수보리

所謂佛法者는 卽非佛法이니라
소위불법자　즉비불법

○ 一相無相分 第九
　　일상무상분　제구

須菩提야 於意云何오 須陀洹이 能作是念
수보리 어의운하 수다원 능작시념

호대 我得須陀洹果不아 須菩提ㅣ 言하사대
아득수다원과부 수보리 언

不也니이다 世尊하 何以故오 須陀洹은 名爲
불야 세존 하이고 수다원 명위

入流로대 而無所入이니 不入色聲香味觸
입류 이무소입 불입색성향미촉

法일새 是名須陀洹이니이다 須菩提야 於意
법 시명수다원 수보리 어의

云何오 斯陀含이 能作是念호대 我得斯陀
운하 사다함 능작시념 아득사다

含果不아 須菩提ㅣ 言하사대 不也이니다 世
함과부 수보리 언 불야 세

尊하 何以故오 斯陀含은 名一往來로대 而
하 하이고 사다함 명일왕래 이

實無往來일새 是名斯陀含이니이다 須菩提야
실무왕래 시명사다함 수보리

於意云何오 阿那含이 能作是念호대 我得
어의운하 아나함 능작시념 아득

阿那含果不아 須菩提ㅣ 言하사대 不也이니다
아나함과부 수보리 언 불야

世尊하 何以故오 阿那含은 名爲不來로대
세존 하이고 아나함 명위불래

而實無不來일새   是故로   名阿那含이니이다
이 실 무 불 래   시 고   명 아 나 함

須菩提야 於意云何오 阿羅漢이 能作是念
수 보 리   어 의 운 하   아 라 한   능 작 시 념

호대 我得阿羅漢道不아 須菩提ㅣ 言하사대
       아 득 아 라 한 도 부   수 보 리   언

不也이니다 世尊하 何以故오 實無有法名
불 야   세 존   하 이 고   실 무 유 법 명

阿羅漢이니 世尊하 若阿羅漢이 作是念호대
아 라 한   세 존   약 아 라 한   작 시 념

我得阿羅漢道라하면   即爲着我人衆生壽
아 득 아 라 한 도   즉 위 착 아 인 중 생 수

者니이다 世尊하 佛說我得無諍三昧人中에
자   세 존   불 설 아 득 무 쟁 삼 매 인 중

最爲第一이라   是第一離欲阿羅漢이라하시나
최 위 제 일   시 제 일 이 욕 아 라 한

我不作是念호대   我是離欲阿羅漢이라하노이
아 부 작 시 념   아 시 이 욕 아 라 한

다 世尊하 我若作是念호대 我得阿羅漢道
   세 존   아 약 작 시 념   아 득 아 라 한 도

라하면 世尊이 即不說須菩提ㅣ 是樂阿蘭
         세 존   즉 불 설 수 보 리   시 요 아 란

那行者라하시련만 以須菩提 實無所行일새니
나 행 자   이 수 보 리 실 무 소 행

而名須菩提ㅣ是樂阿蘭那行이라하시나니이다
이 명 수 보 리　시 요 아 란 나 행

○ 莊嚴淨土分 第十
장 엄 정 토 분　제 십

佛이 告須菩提하사대 於意云何오 如來ㅣ昔
불　고수보리　　　어의운하　여래　석

在燃燈佛所하야 於法에 有所得不아 不也
재연등불소　　어법　유소득부　불야

니이다 世尊하 如來ㅣ在燃燈佛所하사 於法
　　세존　여래　재연등불소　　어법

에 實無所得이니이다 須菩提야 於意云何오
실무소득　　수보리　어의운하

菩薩이 莊嚴佛土不아 不也니이다 世尊하 何
보살　장엄불토부　불야　　세존　하

以故오 莊嚴佛土者는 即非莊嚴일새 是名
이고　장엄불토자　즉비장엄　　시명

莊嚴이니이다 是故로 須菩提야 諸菩薩摩訶
장엄　　시고　수보리　제보살마하

薩이 應如是生淸淨心이니 不應住色生心
살　응여시생청정심　　불응주색생심

하며 不應住聲香味觸法生心이요 應無所
불응주성향미촉법생심 응무소

住하야 而生其心이니라 須菩提야 譬如有人
주 이생기심 수보리 비여유인

이 身如須彌山王하면 於意云何오 是身이
신여수미산왕 어의운하 시신

爲大不아 須菩提ㅣ言하사대 甚大이니이다 世
위대부 수보리 언 심대 세

尊하 何以故오 佛說非身이 是名大身이니이
존 하이고 불설비신 시명대신

다

○ 無爲福勝分 第十一
무위복승분 제십일

須菩提야 如恒河中所有沙數하야 如是沙
수보리 여항하중소유사수 여시사

等恒河ㅣ 於意云何오 是諸恒河沙ㅣ 寧爲
등항하 어의운하 시제항하사 영위

多不아 須菩提ㅣ言하사대 甚多니이다 世尊하
다부 수보리 언 심다 세존

但諸恒河도　尚多無數은　何況其沙리잇가
단 제 항 하　상 다 무 수　하 황 기 사

須菩提야 我今實言으로 告汝호리니 若有善
수 보 리　아 금 실 언　고 여　약 유 선

男子善女人이 以七寶로 滿爾所恒河沙數
남 자 선 여 인　이 칠 보　만 이 소 항 하 사 수

三千大千世界하야　以用布施하면　得福이
삼 천 대 천 세 계　이 용 보 시　득 복

多不아　須菩提ㅣ言하사대　甚多니이다　世尊하
다 부　수 보 리 언　심 다　세 존

佛이　告須菩提하사대　若善男子善女人이
불　고 수 보 리　약 선 남 자 선 여 인

於此經中에　乃至受持四句偈等하야　爲他
어 차 경 중　내 지 수 지 사 구 게 등　위 타

人說하면 而此福德이 勝前福德하리라
인 설　이 차 복 덕　승 전 복 덕

○　尊重正敎分 第十二
　　존 중 정 교 분　제 십 이

復次須菩提야 隨說是經호대 乃至四句偈
부 차 수 보 리　수 설 시 경　내 지 사 구 게

等하면 當知此處는 一切世間天人阿修羅
등   당지차처   일체세간천인아수라

ㅣ 皆應供養을 如佛塔廟어든 何況有人이
   개응공양   여불탑묘   하황유인

盡能受持讀誦이야따녀 須菩提야 當知是人
진능수지독송   수보리   당지시인

은 成就最上第一希有之法이니 若是經典
   성취최상제일희유지법   약시경전

所在之處는 卽爲有佛과 若尊重弟子니라
소재지처   즉위유불   약존중제자

○ 如法受持分 第十三
  여법수지분 제십삼

爾時에 須菩提ㅣ 白佛言하사대 世尊하 當何
이시 수보리   백불언   세존하 당하

名此經이며 我等이 云何奉持하리잇고 佛이
명차경   아등   운하봉지   불

告須菩提하사대 是經은 名爲金剛般若波
고수보리   시경   명위금강반야바

羅蜜이니 以是名字로 汝當奉持하니라 所以
라밀   이시명자   여당봉지   소이

者何오 須菩提야 佛說般若波羅蜜이 即非
자하 수보리 불설반야바라밀 즉비

般若波羅蜜일새 是名般若波羅蜜이니라 須
반야바라밀 시명반야바라밀 수

菩提야 於意云何오 如來ㅣ 有所說法不아
보리 어의운하 여래 유소설법부

須菩提ㅣ 白佛言하사대 世尊하 如來ㅣ 無所
수보리 백불언 세존 여래 무소

說이니이다 須菩提야 於意云何오 三千大千
설 수보리 어의운하 삼천대천

世界所有微塵이 是爲多不아 須菩提ㅣ 言
세계소유미진 시위다부 수보리 언

하사대 甚多니이다 世尊하 須菩提야 諸微塵을
심다 세존 수보리 제미진

如來ㅣ 說非微塵일새 是名微塵이며 如來ㅣ
여래 설비미진 시명미진 여래

說世界도 非世界일새 是名世界니라 須菩
설세계 비세계 시명세계 수보

提야 於意云何오 可以三十二相으로 見如
리 어의운하 가이삼십이상 견여

來不아 不也니이다 世尊하 不可以三十二
래부 불야 세존 불가이삼십이

相으로 得見如來니 何以故오 如來ㅣ 說三
상 득견여래 하이고 여래 설삼

十二相이 卽是非相일새 是名三十二相이니
십 이 상   즉 시 비 상   시 명 삼 십 이 상

이다 須菩提야 若有善男子善女人이 以恒
     수 보 리   약 유 선 남 자 선 여 인   이 항

河沙等身命으로 布施어든 若復有人이 於
하 사 등 신 명   보 시   약 부 유 인   어

此經中에 乃至受持四句偈等하야 爲他人
차 경 중   내 지 수 지 사 구 게 등   위 타 인

說하면 其福이 甚多니라
설   기 복   심 다

○ 離相寂滅分 第十四
이 상 적 멸 분   제 십 사

爾時에 須菩提ㅣ 聞說是經하사옵고 深解義
이 시   수 보 리   문 설 시 경   심 해 의

趣하야 涕淚悲泣하사 而白佛言하사대 希有
취   체 루 비 읍   이 백 불 언   희 유

世尊하 佛說如是甚深經典은 我從昔來所
세 존   불 설 여 시 심 심 경 전   아 종 석 래 소

得慧眼으로 未曾得聞如是之經호이다 世尊
득 혜 안   미 증 득 문 여 시 지 경   세 존

하 若復有人이 得聞是經하고 信心淸淨하면
약부유인 득문시경 신심청정

卽生實相하리니 當知是人은 成就第一希
즉생실상 당지시인 성취제일희

有功德이니 世尊하 是實相者는 卽是非相
유공덕 세존 시실상자 즉시비상

일새 是故로 如來說名實相이니이다 世尊하
시고 여래설명실상 세존

我今得聞如是經典하고 信解受持는 不足
아금득문여시경전 신해수지 부족

爲難이어니와 若當來世後五百歲에 其有衆
위난 약당래세후오백세 기유중

生이 得聞是經하고 信解受持하면 是人은 卽
생 득문시경 신해수지 시인 즉

爲第一希有니 何以故오 此人은 無我相하
위제일희유 하이고 차인 무아상

며 無人相하며 無衆生相하며 無壽者相이니
무인상 무중생상 무수자상

所以者何오 我相이 卽是非相이며 人相衆
소이자하 아상 즉시비상 인상중

生相壽者相이 卽是非相이라 何以故오 離
생상수자상 즉시비상 하이고 이

一切諸相이 卽名諸佛이니이다 佛이 告須菩提
일체제상 즉명제불 불 고수보리

하사대 如是如是하다 若復有人이 得聞是經
　　　여시여시　　약부유인　득문시경

하고 不驚不怖不畏하면 當知是人은 甚爲
　　　불경불포불외　　당지시인　심위

希有니 何以故오 須菩提야 如來ㅣ 說第一
희유　하이고　수보리　여래　설제일

波羅蜜이 非第一波羅蜜일새 是名第一波
바라밀　비제일바라밀　　시명제일바

羅蜜이니라 須菩提야 忍辱波羅蜜도 如來ㅣ
라밀　　수보리　인욕바라밀　여래

說非忍辱波羅蜜이니 何以故오 須菩提야
설비인욕바라밀　　하이고　수보리

如我昔爲歌利王에 割截身體하야 我於爾
여아석위가리왕　할절신체　　아어이

時에 無我相하며 無人相하며 無衆生相하며
시　무아상　　무인상　　무중생상

無壽者相호라 何以故오 我於往昔節節
무수자상　　하이고　　아어왕석절절

支解時에 若有我相人相衆生相壽者相이
지해시　약유아상인상중생상수자상

면 應生瞋恨일러니라 須菩提야 又念過去於
　응생진한　　　　수보리　우념과거어

五百世에 作忍辱仙人하야 於爾所世에 無
오백세　작인욕선인　　어이소세　무

我相하며 無人相하며 無衆生相하며 無壽者
아상　　　무인상　　　무중생상　　　무수자

相호라 是故로 須菩提야 菩薩이 應離一切
상　　　시고　　수보리　　보살　　응리일체

相하고 發阿耨多羅三藐三菩提心이니 不
상　　　발아뇩다라삼먁삼보리심　　　불

應住色生心하며 不應住聲香味觸法生心
응주색생심　　　불응주성향미촉법생심

이요 應生無所住心이니라 若心有住면 卽爲
　　　응생무소주심　　　　약심유주　즉위

非住니 是故로 佛說菩薩은 心不應住色布
비주　　시고　　불설보살　　심불응주색보

施라하나니라 須菩提야 菩薩이 爲利益一切
시　　　　　　수보리　　보살　　위이익일체

衆生하야 應如是布施니 如來ㅣ 說一切諸
중생　　　응여시보시　　여래　　설일체제

相이 卽是非相이며 又說一切衆生이 卽非
상　　즉시비상　　　우설일체중생　　즉비

衆生이니라 須菩提야 如來는 是眞語者며 實
중생　　　　수보리　　여래　　시진어자　실

語者며 如語者며 不誑語者며 不異語者시
어자　　여어자　　불광어자　　불이어자

니라 須菩提야 如來所得法은 此法이 無實
　　　수보리　　여래소득법　　차법　　무실

無虛하니라 須菩提야 若菩薩이 心住於法하
무허   수보리   약보살   심주어법

야 而行布施하면 如人이 入暗에 卽無所見이
이행보시   여인   입암   즉무소견

요 若菩薩이 心不住法하야 而行布施하면 如
약보살   심부주법   이행보시   여

人이 有目하야 日光明照에 見種種色이니라
인   유목   일광명조   견종종색

須菩提야 當來之世에 若有善男子善女人
수보리   당래지세   약유선남자선여인

이 能於此經에 受持讀誦하면 卽爲如來ㅣ
능어차경   수지독송   즉위여래

以佛智慧로 悉知是人하며 悉見是人하야
이불지혜   실지시인   실견시인

皆得成就無量無邊功德하리라
개득성취무량무변공덕

◯ 持經功德分 第十五
지경공덕분 제십오

須菩提야 若有善男子善女人이 初日分에
수보리   약유선남자선여인   초일분

以恒河沙等身으로 布施하며 中日分에 復
이항하사등신 보시 중일분 부

以恒河沙等身으로 布施하며 後日分에 亦
이항하사등신 보시 후일분 역

以恒河沙等身으로 布施하야 如是無量百
이항하사등신 보시 여시무량백

千萬億劫을 以身布施어든 若復有人이 聞
천만억겁 이신보시 약부유인 문

此經典하고 信心不逆하면 其福이 勝彼하리니
차경전 신심불역 기복 승피

何況書寫受持讀誦하야 爲人解說이야따녀
하황서사수지독송 위인해설

須菩提야 以要言之컨댄 是經이 有不可思
수보리 이요언지 시경 유불가사

議不可稱量無邊功德하니 如來ㅣ 爲發大
의불가칭량무변공덕 여래 위발대

乘者說이며 爲發最上乘者說이니라 若有人
승자설 위발최상승자설 약유인

이 能受持讀誦하야 廣爲人說하면 如來ㅣ 悉
능수지독송 광위인설 여래 실

知是人하며 悉見是人하야 皆得成就不可
지시인 실견시인 개득성취불가

量不可稱無有邊不可思議功德하리니 如
량불가칭무유변불가사의공덕 여

是人等은　即爲荷擔如來阿耨多羅三藐
시인등　즉위하담여래아뇩다라삼먁

三菩提니 何以故오 須菩提야 若樂小法者
삼보리　하이고　수보리　약요소법자

는 着我見人見衆生見壽者見일새　即於此
착아견인견중생견수자견　즉어차

經에 不能聽受讀誦하야 爲人解說하리라 須
경　불능청수독송　위인해설　수

菩提야 在在處處에 若有此經하면 一切世
보리　재재처처　약유차경　일체세

間天人阿修羅의 所應供養이니 當知此處
간천인아수라　소응공양　당지차처

는　即爲是塔이라 皆應恭敬作禮圍遶하야
즉위시탑　개응공경작례위요

以諸華香으로 而散其處하리라
이제화향　이산기처

○ 能淨業障分 第十六
능정업장분　제십육

復次須菩提야 善男子善女人이 受持讀誦
부차수보리　선남자선여인　수지독송

此經호대 若爲人輕賤하면 是人이 先世罪
차 경 약위인경천 시인 선세죄

業으로 應墮惡道언마는 以今世人이 輕賤故
업 응타악도 이금세인 경천고

로 先世罪業이 即爲消滅하고 當得阿耨多
선세죄업 즉위소멸 당득아뇩다

羅三藐三菩提하리라 須菩提야 我念過去
라삼먁삼보리 수보리 아념과거

無量阿僧祇劫하니 於燃燈佛前에 得値八
무량아승지겁 어연등불전 득치팔

百四千萬億那由他諸佛하야 悉皆供養承
백사천만억나유타제불 실개공양승

事하야 無空過者호라 若復有人이 於後末
사 무공과자 약부유인 어후말

世에 能受持讀誦此經하면 所得功德이 於
세 능수지독송차경 소득공덕 어

我所供養諸佛功德으로 百分에 不及一이며
아소공양제불공덕 백분 불급일

千萬億分乃至算數譬喩로 所不能及이니
천만억분내지산수비유 소불능급

須菩提야 若善男子善女人이 於後末世에
수보리 약선남자선여인 어후말세

有受持讀誦此經하난 所得功德을 我若具
유수지독송차경 소득공덕 아약구

說者_면 或有人_이 聞_{하고} 心卽狂亂_{하야} 狐疑
설 자　혹유인　문　　심즉광란　　호의

不信_{하리니} 須菩提_야 當知是經義_ㅣ 不可
불 신　　수보리　　당지시경의　　불가

思議_며 果報_도 亦不可思議_{니라}
사의　과보　역불가사의

○ 究竟無我分 第十七
구 경 무 아 분　제 십 칠

爾時_에 須菩提_ㅣ 白佛言_{하사대} 世尊_하 善男
이시　수보리　　백불언　　　세존　선남

子善女人_이 發阿耨多羅三藐三菩提心_하
자선여인　발아뇩다라삼먁삼보리심

_{나는} 云何應住_며 云何降伏其心_{하리잇고} 佛_이
운하응주　운하항복기심　　　불

告須菩提_{하사대} 若善男子善女人_이 發阿
고수보리　　약선남자선여인　　발아

耨多羅三藐三菩提心者_는 當生如是心_이
뇩다라삼먁삼보리심자　　당생여시심

_니 我應滅度一切衆生_{호리라} 滅度一切衆
아응멸도일체중생　　　멸도일체중

生已하야는 而無有一衆生도 實滅度者니
생이 이무유일중생 실멸도자

何以故오 須菩提야 若菩薩이 有我相人相
하이고 수보리 약보살 유아상인상

衆生相壽者相이면 卽非菩薩이니 所以者
중생상수자상 즉비보살 소이자

何오 須菩提야 實無有法發阿耨多羅三藐
하 수보리 실무유법발아뇩다라삼먁

三菩提心者니라 須菩提야 於意云何오 如
삼보리심자 수보리 어의운하 여

來ㅣ 於燃燈佛所에 有法得阿耨多羅三藐
래 어연등불소 유법득아뇩다라삼먁

三菩提不아 不也니이다 世尊하 如我解佛
삼보리부 불야 세존 여아해불

所說義컨댄 佛이 於燃燈佛所에 無有法得
소설의 불 어연등불소 무유법득

阿耨多羅三藐三菩提하니이다 佛言하사대 如
아뇩다라삼먁삼보리 불언 여

是如是하다 須菩提야 實無有法如來得阿
시여시 수보리 실무유법여래득아

耨多羅三藐三菩提니 須菩提야 若有法如
뇩다라삼먁삼보리 수보리 약유법여

來得阿耨多羅三藐三菩提者인댄 燃燈佛
래득아뇩다라삼먁삼보리자 연등불

이 卽不與我授記하사대 汝於來世에 當得
　　즉 불 여 아 수 기　　　여 어 래 세　　당 득

作佛하야 號를 釋迦牟尼라하시니라 以實無有
작 불　　호　　석 가 모 니　　　　이 실 무 유

法得阿耨多羅三藐三菩提일새 是故로 燃
법 득 아 뇩 다 라 삼 먁 삼 보 리　　시 고　　연

燈佛이 與我授記하사 作是言하사대 汝於來
등 불　여 아 수 기　　작 시 언　　　여 어 래

世에 當得作佛하야 號를 釋迦牟尼라하시니
세　　당 득 작 불　　호　　석 가 모 니

何以故오 如來者는 卽諸法如義니라 若有
하 이 고　여 래 자　즉 제 법 여 의　　약 유

人이 言如來得阿耨多羅三藐三菩提라하면
인　언 여 래 득 아 뇩 다 라 삼 먁 삼 보 리

須菩提야 實無有法佛得阿耨多羅三藐
수 보 리　실 무 유 법 불 득 아 뇩 다 라 삼 먁

三菩提하니 須菩提야 如來所得阿耨多羅
삼 보 리　　수 보 리　여 래 소 득 아 뇩 다 라

三藐三菩提는 於是中에 無實無虛하니라
삼 먁 삼 보 리　어 시 중　　무 실 무 허

是故로 如來ㅣ 說一切法이 皆是佛法이라하
시 고　여 래　설 일 체 법　개 시 불 법

나니 須菩提야 所言一切法者는 卽非一切
　　수 보 리　소 언 일 체 법 자　즉 비 일 체

法일새 是故로 名一切法이니라 須菩提야 譬
법　　시고　　명일체법　　　수보리　비

如人身長大이니라 須菩提ㅣ 言하사대 世尊하
여인신장대　　　수보리　언　　　세존

如來說人身長大ㅣ 卽爲非大身일새 是名
여래설인신장대　즉위비대신　　　시명

大身이니이다 須菩提야 菩薩도 亦如是하야
대신　　　수보리　보살　역여시

若作是言호대 我當滅度無量衆生이라하면
약작시언　　아당멸도무량중생

卽不名菩薩이니 何以故오 須菩提야 實無
즉불명보살　　하이고　수보리　실무

有法名爲菩薩이니 是故로 佛說一切法이
유법명위보살　　시고　　불설일체법

無我無人無衆生無壽者라하나니라 須菩提
무아무인무중생무수자　　　　　수보리

야 若菩薩이 作是言호대 我當莊嚴佛土라하
약보살　작시언　　아당장엄불토

면 是不名菩薩이니 何以故오 如來說莊嚴
시불명보살　　하이고　여래설장엄

佛土者는 卽非莊嚴일새 是名莊嚴이니라 須
불토자　즉비장엄　　시명장엄　　　수

菩提야 若菩薩이 通達無我法者는 如來ㅣ
보리　약보살　통달무아법자　여래

說名眞是菩薩이니라
설 명 진 시 보 살

○ 一切同觀分 第十八
일 체 동 관 분 제 십 팔

須菩提야 於意云何오 如來ㅣ 有肉眼不
수 보 리 어 의 운 하 여 래 유 육 안 부

如是니이다 世尊하 如來ㅣ 有肉眼이니이다 須
여 시 세 존 여 래 유 육 안 수

菩提야 於意云何오 如來ㅣ 有天眼不아 如
보 리 어 의 운 하 여 래 유 천 안 부 여

是니이다 世尊하 如來ㅣ 有天眼이니이다 須菩
시 세 존 여 래 유 천 안 수 보

提야 於意云何오 如來ㅣ 有慧眼不아 如是
리 어 의 운 하 여 래 유 혜 안 부 여 시

니이다 世尊하 如來ㅣ 有慧眼이니이다 須菩提
세 존 여 래 유 혜 안 수 보 리

야 於意云何오 如來ㅣ 有法眼不아 如是니이
어 의 운 하 여 래 유 법 안 불 여 시

다 世尊하 如來ㅣ 有法眼이니이다 須菩提야
세 존 여 래 유 법 안 수 보 리

124

於意云何오 如來有佛眼不아 如是니이다
어 의 운 하   여 래 유 불 안 부   여 시

世尊하 如來ㅣ 有佛眼이니이다 須菩提야 於
세 존 여 래 유 불 안   수 보 리 어

意云何오 如恒河中所有沙를 佛說是沙不
의 운 하 여 항 하 중 소 유 사 불 설 시 사 부

아 如是니이다 世尊하 如來ㅣ 說是沙니이다
   여 시   세 존 여 래 설 시 사

須菩提야 於意云何오 如一恒河中所有沙
수 보 리 어 의 운 하 여 일 항 하 중 소 유 사

하야 有如是沙等恒河어든 是諸恒河所有
    유 여 시 사 등 항 하   시 제 항 하 소 유

沙數佛世界ㅣ 如是寧爲多不아 甚多니이다
사 수 불 세 계 여 시 영 위 다 부 심 다

世尊하 佛이 告須菩提하사대 爾所國土中
세 존 불 고 수 보 리   이 소 국 토 중

所有衆生의 若干種心을 如來ㅣ 悉知하나니
소 유 중 생 약 간 종 심 여 래 실 지

何以故오 如來ㅣ 說諸心의 皆爲非心일새
하 이 고 여 래 설 제 심 개 위 비 심

是名爲心이니 所以者何오 須菩提야 過去
시 명 위 심 소 이 자 하 수 보 리 과 거

心不可得이며 現在心不可得이며 未來心
심 불 가 득   현 재 심 불 가 득   미 래 심

不可得이니라
불 가 득

○ 法界通化分 第十九
　　　법 계 통 화 분　제 십 구

須菩提야 於意云何오 若有人이 滿三千大
수보리　어의운하　약유인　만삼천대

千世界七寶로 以用布施하면 是人이 以是
천세계칠보　이용보시　시인　이시

因緣으로 得福多不아 如是니이다 世尊하 此
인연　득복다부　여시　세존　차

人이 以是因緣으로 得福이 甚多니이다 須菩
인　이시인연　득복　심다　수보

提야 若福德이 有實인댄 如來ㅣ 不說得福
리　약복덕　유실　여래　불설득복

德多니 以福德이 無故로 如來ㅣ 說得福德
덕다　이복덕　무고　여래　설득복덕

多니라
다

○ 離色離相分 第二十
　　　이 색 이 상 분　제 이 십

126

須菩提야 於意云何오 佛을 可以具足色身
수 보 리 어 의 운 하 불 가 이 구 족 색 신

으로 見不아 不也니이다 世尊하 如來를 不應
견 부 불 야 세 존 여 래 불 응

以具足色身으로 見이니 何以故오 如來ㅣ 說
이 구 족 색 신 견 하 이 고 여 래 설

具足色身이 卽非具足色身일새 是名具足
구 족 색 신 즉 비 구 족 색 신 시 명 구 족

色身이니이다 須菩提야 於意云何오 如來를
색 신 수 보 리 어 의 운 하 여 래

可以具足諸相으로 見不아 不也니이다 世尊
가 이 구 족 제 상 견 부 불 야 세 존

하 如來를 不應以具足諸相으로 見이니 何以
여 래 불 응 이 구 족 제 상 견 하 이

故오 如來ㅣ 說諸相具足은 卽非具足일새
고 여 래 설 제 상 구 족 즉 비 구 족

是名諸相具足이니이다
시 명 제 상 구 족

○ 非說所說分 第二十一
비 설 소 설 분 제 이 십 일

須菩提야 汝ㅣ 勿謂如來ㅣ 作是念호대 我
수보리 여 물위여래 작시념 아

當有所說法이라하라 莫作是念이니 何以故오
당유소설법 막작시념 하이고

若人이 言如來ㅣ 有所說法이라하면 卽爲謗
약인 언여래 유소설법 즉위방

佛이라 不能解我所說故니 須菩提야 說法
불 불능해아소설고 수보리 설법

者는 無法可說이 是名說法이니라 爾時에 慧
자 무법가설 시명설법 이시 혜

命須菩提ㅣ 白佛言하사대 世尊하 頗有衆
명수보리 백불언 세존 파유중

生이 於未來世에 聞說是法하사옵고 生信心
생 어미래세 문설시법 생신심

不잇가 佛이 言하사대 須菩提야 彼非衆生이며
부 불 언 수보리 피비중생

非不衆生이니 何以故오 須菩提야 衆生衆
비불중생 하이고 수보리 중생중

生者는 如來ㅣ 說非衆生이 是名衆生이니라
생자 여래 설비중생 시명중생

○ 無法可得分 第二十二
무법가득분 제이십이

須菩提ㅣ 白佛言하사대 世尊하 佛이 得阿耨
수보리 백불언 세존하 불이 득아뇩

多羅三藐三菩提는 爲無所得耶니이다 佛
다라삼먁삼보리 위무소득야 불

言하사대 如是如是하다 須菩提야 我於阿耨
언 여시여시 수보리 아어아뇩

多羅三藐三菩提에 乃至無有少法可得일
다라삼먁삼보리 내지무유소법가득

새 是名阿耨多羅三藐三菩提니라
시명아뇩다라삼먁삼보리

○ 淨心行善分 第二十三
정심행선분 제이십삼

復次須菩提야 是法이 平等하야 無有高下
부차수보리 시법 평등 무유고하

일새 是名阿耨多羅三藐三菩提니 以無我
시명아뇩다라삼먁삼보리 이무아

無人無衆生無壽者로 修一切善法하면 卽
무인무중생무수자 수일체선법 즉

得阿耨多羅三藐三菩提하리니 須菩提야
득아뇩다라삼먁삼보리 수보리

所言善法者는 如來ㅣ 說卽非善法일새 是
소 언 선 법 자   여 래   설 즉 비 선 법   시

名善法이니라
명 선 법

○ 福智無比分 第二十四
　　복 지 무 비 분　제 이 십 사

須菩提야　若三千大千世界中所有諸須
수 보 리　　약 삼 천 대 천 세 계 중 소 유 제 수

彌山王如是等七寶聚를 有人이 持用布施
미 산 왕 여 시 등 칠 보 취　유 인　지 용 보 시

어든 若人이 以此般若波羅蜜經으로　乃至
　　약 인　이 차 반 야 바 라 밀 경　　내 지

四句偈等을　受持讀誦하야　爲他人說하면
사 구 게 등　수 지 독 송　　위 타 인 설

於前福德으로 百分에 不及一이며 百千萬
어 전 복 덕　백 분　불 급 일　백 천 만

億分乃至算數譬喻로 所不能及이니라
억 분 내 지 산 수 비 유　소 불 능 급

◯ 化無所化分 第二十五
화 무 소 화 분　제 이 십 오

須菩提야　於意云何오　汝等은　勿謂如來이
수 보 리　어 의 운 하　여 등　물 위 여 래

作是念호대　我當度衆生이라하라　須菩提야
작 시 념　　아 당 도 중 생　　　　　수 보 리

莫作是念이니　何以故오　實無有衆生如來
막 작 시 념　　하 이 고　실 무 유 중 생 여 래

度者니　若有衆生如來度者면　如來ㅣ　卽有
도 자　약 유 중 생 여 래 도 자　여 래　즉 유

我人衆生壽者니라　須菩提야　如來說有我
아 인 중 생 수 자　　수 보 리　여 래 설 유 아

者는　卽非有我어늘　而凡夫之人이　以爲有
자　즉 비 유 아　　이 범 부 지 인　이 위 유

我일새　須菩提야　凡夫者는　如來ㅣ　說卽非
아　수 보 리　범 부 자　여 래　설 즉 비

凡夫일새　是名凡夫니라
범 부　시 명 범 부

◯ 法身非相分 第二十六
법 신 비 상 분　제 이 십 육

須菩提야 於意云何오 可以三十二相으로
수보리 어의운하 가이삼십이상

觀如來不아 須菩提ㅣ 言하사대 如是如是하
관여래부 수보리 언 여시여시

니이다 以三十二相으로 觀如來니이다 佛言하
이삼십이상 관여래 불언

사대 須菩提야 若以三十二相으로 觀如來
수보리 약이삼십이상 관여래

者인댄 轉輪聖王이 卽是如來로다 須菩提ㅣ
자 전륜성왕 즉시여래 수보리

白佛言하사대 世尊하 如我解佛所說義컨댄
백불언 세존 여아해불소설의

不應以三十二相으로 觀如來니이다 爾時에
불응이삼십이상 관여래 이시

世尊이 而說偈言하사대
세존 이설게언

若以色見我어나 以音聲求我하면
약이색견아 이음성구아

是人은 行邪道라 不能見如來니라
시인 행사도 불능견여래

○ 無斷無滅分 第二十七
무단무멸분 제이십칠

132

須菩提야 汝若作是念호대 如來ㅣ 不以具
수보리 　여약작시념 　　여래 　불이구

足相故로 得阿耨多羅三藐三菩提아 須菩
족상고 　득아뇩다라삼먁삼보리 　수보

提야 莫作是念호대 如來ㅣ 不以具足相故
리 　막작시념 　　여래 　불이구족상고

로 得阿耨多羅三藐三菩提라하라 須菩提야
득아뇩다라삼먁삼보리 　　수보리

汝若作是念호대 發阿耨多羅三藐三菩提
여약작시념 　　발아뇩다라삼먁삼보리

心者는 說諸法斷滅가 莫作是念이니 何以
심자 　설제법단멸 　막작시념 　하이

故오 發阿耨多羅三藐三菩提心者는 於法
고 　발아뇩다라삼먁삼보리심자 　어법

에 不說斷滅相이니라
불설단멸상

○ 不受不貪分 第二十八
불수불탐분 　제이십팔

須菩提야 若菩薩이 以滿恒河沙等世界七
수보리 　약보살 　이만항하사등세계칠

寶로 持用布施어든 若復有人이 知一切法
보   지용보시   약부유인   지일체법

無我하야 得成於忍하면 此菩薩이 勝前菩
무아   득성어인   차보살   승전보

薩의 所得功德이니 何以故오 須菩提야 以
살   소득공덕   하이고   수보리   이

諸菩薩이 不受福德故니라 須菩提ㅣ白佛
제보살   불수복덕고   수보리   백불

言하사대 世尊하 云何菩薩이 不受福德이니잇
언   세존   운하보살   불수복덕

고 須菩提야 菩薩은 所作福德에 不應貪着
    수보리   보살   소작복덕   불응탐착

일새 是故로 說不受福德이니라
      시고   설불수복덕

○ 威儀寂靜分 第二十九
위 의 적 정 분   제 이 십 구

須菩提야 若有人이 言如來ㅣ若來若去若
수보리   약유인   언여래   약래약거약

坐若臥라하면 是人은 不解我所說義니 何
좌약와   시인   불해아소설의   하

以故오 如來者는 無所從來며 亦無所去일
이고　　여래자　　무소종래　　역무소거

새 故名如來니라
고명여래

　　○ 一合理相分 第三十
　　　일합이상분　제삼십

須菩提야 若善男子善女人이 以三千大千
수보리　약선남자선여인　이삼천대천

世界로 碎爲微塵하면 於意云何오 是微塵
세계　쇄위미진　　어의운하　시미진

衆이 寧爲多不아 甚多니이다 世尊하 何以故
중　영위다부　심다　　세존　하이고

오 若是微塵衆이 實有者인댄 佛이 卽不說
　약시미진중　실유자　불　즉불설

是微塵衆이니 所以者何오 佛說微塵衆이
시미진중　　소이자하　불설미진중

卽非微塵衆일새 是名微塵衆이니이다 世尊하
즉비미진중　　시명미진중　　세존

如來所說三千大千世界ㅣ 卽非世界일새
여래소설삼천대천세계　즉비세계

是名世界니 何以故오 若世界ㅣ 實有者인
시명세계　하이고　약세계　실유자

댄 卽是一合相이니 如來ㅣ 說一合相은 卽
즉시일합상　여래　설일합상　즉

非一合相일새 是名一合相이니이다 須菩提야
비일합상　시명일합상　수보리

一合相者는 卽是不可說이어늘 但凡夫之
일합상자　즉시불가설　단범부지

人이 貪着其事니라
인　탐착기사

○ 知見不生分 第三十一
지견불생분　제삼십일

須菩提야 若人이 言佛說我見人見衆生見
수보리　약인　언불설아견인견중생견

壽者見이라하면 須菩提야 於意云何오 是人
수자견　수보리　어의운하　시인

이 解我所說義不아 不也니이다 世尊하 是人
해아소설의부　불야　세존　시인

이 不解如來所說義니 何以故오 世尊이 說
불해여래소설의　하이고　세존　설

136

我見人見衆生見壽者見은　即非我見人
아 견 인 견 중 생 견 수 자 견　　즉 비 아 견 인

見衆生見壽者見일새　是名我見人見衆生
견 중 생 견 수 자 견　　시 명 아 견 인 견 중 생

見壽者見이니이다　須菩提야　發阿耨多羅三
견 수 자 견　　수 보 리　　발 아 뇩 다 라 삼

藐三菩提心者는　於一切法에　應如是知하
막 삼 보 리 심 자　　어 일 체 법　　응 여 시 지

며　如是見하며　如是信解하야　不生法相이니
여 시 견　　여 시 신 해　　불 생 법 상

須菩提야　所言法相者는　如來ㅣ說卽非法
수 보 리　　소 언 법 상 자　　여 래　　설 즉 비 법

相일새　是名法相이니라
상　　시 명 법 상

○　應化非眞分　第三十二
응 화 비 진 분　　제 삼 십 이

須菩提야　若有人이　以滿無量阿僧祇世界
수 보 리　　약 유 인　　이 만 무 량 아 승 지 세 계

七寶로　持用布施어든　若有善男子善女人
칠 보　　지 용 보 시　　약 유 선 남 자 선 여 인

이 發菩薩心者ㅣ 持於此經하야 乃至四句
　발보살심자　　지어차경　　　내지사구

偈等을 受持讀誦하야 爲人演說하면 其福이
게등　수지독송　　위인연설　　　기복

勝彼하리니 云何爲人演說고 不取於相하야
승피　　　운하위인연설　　불취어상

如如不動이니 何以故오 一切有爲法이 如
여여부동　　　하이고　　일체유위법　여

夢幻泡影하며 如露亦如電하니 應作如是
몽환포영　　　여로역여전　　　응작여시

觀이니라 佛이 說是經已하시니 長老須菩提와
관　　　불　설시경이　　　장로수보리

及諸比丘比丘尼와 優婆塞優婆夷와 一切
급제비구비구니　우바새우바이　일체

世間天人阿修羅ㅣ 聞佛所說하사옵고 皆大
세간천인아수라　문불소설　　　개대

歡喜하야 信受奉行하니라
환희　　신수봉행

金剛般若波羅蜜經 終
금강반야바라밀경　종

반야보살행원기도
영가축원

반야보살행원기도

위 없는 진리로서 영원하시고 법성광명으로 자재하옵신 본사 세존이시여, 저희들의 지성 섭수하시고, 자비 거울로 간곡히 살펴 주옵소서.

대자비 세존께서는 온 중생 하나하나 잠시도 버리지 않으시고 영원한 진리광명으로 성숙시키시건만, 미혹한 범부들이 크신 광명 등지고 스스로 미혹의 구름을 지어 끝없는 방황을 계

속하여 왔사옵니다.

장애와 고난과 죽음이 따랐고, 불행과 눈물과 죄악의 업도를 이루었사옵니다. 그러하오나 부처님의 지극하신 자비 위신력은 저희들을 살피시고 감싸시어 저희들에게 믿음의 눈을 열게 하셨사옵니다.

저희들의 본성이 어둠과 죄악이 아니고 광명과 지혜이오며, 불안과 장애가 아니고 행복과 자재이오며, 무능과 부덕이 아니라 일체성취의 원만공덕이 충

만함을 깨닫게 하셨사옵니다.
저희 생명에서 부처님의 자비로
운 위신력이 샘물처럼 솟아나
고, 부처님의 크신 자비와 큰 서
원은 생명의 소망으로 빛나고
있음을 깨달았습니다.

저희들의 용기는 무장애 신력
으로 장엄하였고, 부처님의 자
비하신 가호력이 영원히 함께
함을 깨달았습니다. 부처님의
크나큰 원력이 저희들과 저희
국토를 성숙시키시니 저희 국토
는 영원히 진리를 실현하고 영

광으로 가득 채울 축복될 땅임을 깨달았습니다. 이처럼 커다란 은혜와 찬란한 광명으로 장엄한 저희들에게 어찌 실로 불행과 고난이 있사오리까.

영원히 행복하고 뜻하는 바는 모두 이루며, 행운과 성공이 끝없이 너울치는 은혜의 평원이 열리고 있사옵니다. 마하반야바라밀의 크신 위덕이 이와 같이 일체중생 일체국토를 광명으로 성숙시키고, 일체 생명 위에 무애 위덕을 갖추어 주셨사옵니다.

이와 같은 부처님의 대자비 은덕으로, 저희들의 생각은 항상 맑고 뜻은 바르며, 마음은 끝없이 밝은 슬기로 가득차 있사옵니다. 그러므로 저희들이 부처님의 반야법문을 깨닫고 이 믿음에 머무르니 끝없는 행복의 나날이 열려옵니다. 불행은 이름을 감추고, 희망의 햇살은 나날이 밝음을 더하고, 성공의 나무에는 은혜의 과실이 풍성하고, 저희들의 생애는 끝없는 성취를 충만케 하십니다.

대자비 세존이시여, 이제 저희들은 부처님의 끝없는 은혜 광명 속에서 지성으로 감사드리고 환희 용약하오면서 서원을 드리옵니다.

저희들은 반야 법문에서 결코 물러서지 않겠습니다. 생명의 바닥에 영원히 빛나는 부처님의 끝없는 은혜를 잠시도 잊지 않겠습니다. 온 누리 온 중생 위에 끊임없이 넘치는 부처님의 자비 은덕을 끝없이 존경하고 찬탄하겠습니다. 부처님을 위시한 일체 삼보님과 일체 중생에게 온갖 정성 바쳐 공양하고, 섬기고 받들겠습니다. 그리하여 영원토록 모든 국토 모든 중생에게 평화 행복이 결실되도록 힘쓰겠습니다.

자비하신 세존이시여, 저희들의 이 서원이 이루어지도록 가호하여 주옵소서. 모든 번뇌에서 해탈하고 고난에서 벗어나며, 대립과 장애와 온갖 한계의 벽을 무너뜨리고, 걸림없는 반

야광명이 드러나게 하여 주옵소
서. 미혹의 구름이 덮여 올 때
믿음의 큰 바람이 일게 하시며,
고난과 장애를 보게 될 때 바라
밀 무장애의 위덕이 빛나게 하
여 주옵소서. 그리하여 저희들
의 생애가 보살의 생애로서, 일
체 중생과 역사와 국토를 빛냄
으로써 마침내 부처님의 크신
은덕을 갚아지이다.
　나무석가모니불
　나무석가모니불
　나무시아본사석가모니불.

영가축원

시방삼세 영원토록 항상하신 삼보전에
저희들이 일심정성 우―러러 아뢰오니
대자대비 베푸시어 거두―어 주옵소서.
위로조차 닦아―온 한이없는 큰공덕을
위―없는 보리도와 제불보살 큰성현과
삼계일체 중생에게 모두회향 하옵나니
일체―에 두루하여 원만하여 지이―다.
저희조국 대한민국 만만세로 평화롭고
겨레형제 안락하고 큰보리심 발하오며
세계국토 항상맑고 천국만민 자유얻고
십류사생 빠짐없이 고루성불 하여이다.
위―없이 밝은법문 온천지에 넘쳐나고
불법광명 항상빛나 큰법수레 굴러이다.
사바세계 한반도에 보리도량 빛난중에
저희들이 계수하며 일심정성 원하오니

자비하신　원력으로　다시거둬　주옵소서.

역대선망　조상님과　시방법계　영가들이
　〔선망(자모)(본관○씨)○○○영가가〕
거룩하온　이인연에　크신은혜　가득입고
불보살님　크신광명　그의앞길　밝게비춰
과거생과　생전중에　지은업장　소멸되고
극락세계　구품연대　상상품에　가서나고
아미타불　친견하여　법문듣고　마음열어
생사없는　큰지혜를　남김없이　요달하여
시방국토　드나들며　광명놓고　설법하여
불보살님　크신서원　함께이룩　하여이다.
다시또한　이미가신　스승님과　부모님과
누―세의　종친들과　형제자매　영가들과
불법도량　창건이래　중건중수　공덕주와
오늘날에　이르도록　인연공덕　지은이와
도량내외　유주무주　외로―운　영가들과

나라위해　　목숨바친　　충의장병　　애국선열
세계평화　　이루고자　　몸을바친　　성현들과
지옥계와　　아귀도중　　고통받는　　고혼들이
부처님의　　한이없는　　대비원력　　입사와서
삼一계의　　고통바다　　모두함께　　벗어나고
극락세계　　광명국토　　연꽃나라　　왕생하여
부처님의　　감로법문　　정수리에　　부어지고
큰반야의　　밝은지혜　　활연성취　　하여이다.
아울一러　　바라옴은　　금일지성　　제자들과
노소남녀　　가족들과　　형제들과　　친족들과
이도량에　　함께모인　　스님들과　　신도들에
부처님의　　자비광명　　어느때나　　감싸아서
마음속의　　원하는바　　착한소망　　다이루고
나날一이　　상서일고　　모든재난　　소멸하며
수명의산　　견고하고　　복의바다　　더욱넓어
밝은지혜　　큰원으로　　보살대도　　이뤄지이다.
온一법계　　불자들이　　크신은혜　　항상입어

보리도량　다이르고　불보살님　친견하여
제불광명　항상받고　모든죄장　소멸하며
한량없는　지혜얻고　무상정각　이루어서
법계중생　모두함께　마하반야　바라밀一.

나무석가모니불
나무석가모니불
나무시아본사석가모니불

국역 금강반야바라밀경 후기

꽃은 지고 열매는 맺고 황금빛 태양은 결실을 재촉
한다. 잎은 피고 지고 무성하고 단풍지고 삭막한 벌거
숭이 나무로 되어간다.

세상 자연현상이 그렇듯이 역시 인생만사가 그렇다.
그렇게 덧없이 왔다가는 변하고 사라져가는 것이다.
이것이 중생들이 사는 세계일까? 모두가 한결같이 죽
음을 향하여 앞서거니 뒤서거니 이렇게 가고 있는 것
일까?

분명히 눈에 비치고 귀에 들리고 손으로 만져지고
생각으로 느낄 수 있는 세계, 그 모두는 그러하리라.
모두는 변해가고 허물어져 가는 것이다. 왕성히 일어
나는 듯하지만 타오르는 불길처럼 자취없이 왕성히
사라지고 만다.

그런데 반야(般若)라 하는 것이 참 묘하다. 모두를
살리기 때문이다. 꽃이 꽃이 아니고 낙엽이 낙엽이 아
니다. 삶이 삶이 아니고 죽음이 죽음이 아니다. 꽃이
피어 좋다. 잎이 져서 좋다. 열매가 익어 좋다. 새소리
가 맑아서 좋다. 살아서 살고 젊어서 살고 늙어서 살

고 죽어서 사는, 영원히 크게 사는 도리를 열어주는 것이다.

반야는 현상이라 하는 유한과 한계와 속박과 변멸을 무한과 자유로 바꾼다. 곰배곰배 흘러 가는 변멸의 흐름을 활활자재한 활물(活物)의 활동으로 바꾸는 것이다. 번뇌와 집착과 사랑과 미움과 한숨과 탄식이 엇갈린 이 세계를, 꽃은 피고 새는 노래하며 위덕은 자재하고 광명은 걸림없는 장엄스런 불국토로 바꾸는 것이다.

그렇다고 무엇하나 빼거나 더하는 것이란 없다. 있는 그 자리에서 즉시에 바꾸는 것이다. 그것이 바로 그런 것이다. 이보다 더 신기한 도리가 또 있을까? 이래서 반야를 감로법(甘露法)이라 하는 것이며, 모든 부처님의 어머니라고 하는 것이다.

참으로 반야야말로 장벽 속에 갇히고 부자유와 한계의 장막을 뒤집어 쓰고 사는 인간을 즉시에 여래법신(法身) 묘용(妙用)으로 바꾸는 신령한 약인 것이다. 반야야말로 삼세제불의 비요법(秘要法)이다.

오늘날 인류는 물질에 매여 산다. 인간은 환경과 조건과 물질과 육체의 종속자가 되어 간다. 인간의 가치를 찾아보려 하여도 우선 생산과 물질을 앞세우는

판이다. 인간이 물질과 육체를 위하여 이 땅에 온 것이 아니련만 그리 되어가고 있으니 딱한 노릇이다. 이는 인간이 자기 자신에 눈뜨지 못하고 밖을 찾아 헤매며, 충동과 감각과 대상적 존재 속에서 무엇인가를 얻으려 하는 근본 착각에 기인한다. 식자들은 오늘의 문명을 절망적이라고들 떠들고 있지만 사실 지금의 상태 이대로 나아간다면 암담과 절망만이 그 앞에 가로 놓일 것은 부인할 수 없다. 인류의 미래가 물질주의·감각주의에서 야망충족 경향으로 내어닫는 한 어쩔 수 없다.

그렇지만 결코 그럴 수만은 없는 것이다. 이 땅은 이미 부처님 법이 비추어졌고 우리는 그 거룩한 가르침을 이어받고 있다. 그리고서 미망(迷妄)과 야심과, 물질주의의 허망성을 조파(照破)하여 이 땅 위에 인간의 신성, 생명의 존엄, 진리의 광휘를 담보할 책임을 지고 있는 것이다. 인간의 영혼을 구하고, 중생의 생명의 편이 되고, 조국과 역사에 희망과 용기를 주며 인류와 세계에 광명과 진리의 길을 열어주는 것은 오늘을 살고 있는 우리들 불자의 책임인 것이다.

반야는 실로 무한과 진실의 행동밖의 다른 것이 아

니다. 진실과 행동을 떠난 어떤 이론도 형식도 그것은 한낱 형해(形骸)를 넘지 못한다. 깨달음의 행동이 있어야 하고 진실한 인간가치의 분출이 있어야 한다. 그러자면 이러한 성스러운 가르침의 근본경전인 금강경의 뜻을 알고 마음 속 깊이 읽어서 자신에 깃든 반야묘용을 발휘하는 것이 그 첩경이다.

이번에 다시 금강경을 국역하는 것은 뜻 모르고 읽는 한문경전 독송을, 뜻을 알고 행동하는 행동적 금강경 독송운동으로 전진시키기 위해서다.

반야는 뜻을 알 때 우리를 무한과 자재와 원만의 주인공으로 바뀌게 한다. 그래서 금강경 독송자는 이 성스럽고 존엄한 자기 본분을 자재하게 내어 써서 대지혜와 대자비의 물결을 나라 구석구석에 보내게 되는 것이다.

물질주의와 감각가치의 우상 밑에 현대인은 비소하기 짝이 없고, 겁약하기 이를 데 없고, 자기 정신을 온전히 잃은 괴뢰로 전락할 위험에 있다. 생명이 스스로의 권위를 인식하지 못하고, 인간이 진실한 자기주장을 갖지 못하고, 인생이 자신의 영광을 설계하지 못하는 오늘의 위험에서 우리들 불자들은 인간을 붙들어

일으켜야 한다. 인간의 권위를 높이 일으켜 세워야 하며 인간의 주체적 정신을 확고히 되찾게 하여야 하는 것이다. 여기에 행복이 있고 평화가 있고 창조가 있다. 조국의 승리와 영광이 있는 것이며, 세계 위에 명예로운 인간의 새역사를 가득히 실을 수 있게 되는 것이다. 이런 의미에서 행동적 금강경 독송운동은 실로 오늘에 중요한 의미를 더하는 것으로 믿는 바이다.

　이번 금강경 국역은 필자와 더불어 뜻을 같이 하는 모든 구국발원(救國發願)동지들과 반야보살에게 얼마간의 도움을 주게 되리라.
　필자는 이를 통해서 우리 겨레에 접근하고 있는 일체의 물질주의 감각주의의 물결이 몰고 오는 퇴폐와 미혹을 타파하고 모든 형제의 가슴 속에 반야의 광명이 찬란히 빛나게 되어 모두가 창조의 주체적 권능을 유감없이 발휘하고 조국 중흥의 정예로서 그 책임을 감당하게 되기를 간절히 기원한다.

　　　　불기 2520년 6월 9일 대각사 불광 창가에서
　　　　　　　　　　　　　　　광덕 적음

금강반야바라밀경

ⓒ 광덕, 1980

1980년 8월 1일 초판 1쇄 발행
2022년 10월 1일 2판 34쇄 발행

지은이 광덕
발행인 박상근(至弘) • 편집인 류지호 • 상무이사 김상기 • 편집이사 양동민
편집 김재호, 양민호, 김소영, 권순범 • 디자인 쿠담디자인 • 제작 김명환
마케팅 김대현, 정승채, 이선호 • 관리 윤정안

펴낸 곳 불광출판사 (03150) 서울시 종로구 우정국로 45-13, 3층
        대표전화 02) 420-3200 편집부 02) 420-3300 팩시밀리 02) 420-3400
        출판등록 제300-2009-130호(1979. 10. 10.)

ISBN 978-89-7479-601-3 (03220)

값 13,000 원